Donald **Kulesza-Betzen**

IM

MAHLSTROM

DER

EMOTIONEN

Gedichte

Für Carola

Bibliografische Information der Deutschen Nationalbibliothek:

Die Deutsche Nationalbibliothek verzeichnet diese Publikation in der Deutschen Nationalbibliografie; detaillierte bibliografische Daten sind im Internet über **dnb.dnb.de** abrufbar.

© 2024   Donald Kulesza-Betzen
1. Auflage
Layout, Coverdesign:
              Kornelia Betzen
Herstellung und Verlag:
BoD – Books on Demand, Norderstedt

ISBN   9783759769619

INHALT

Religion **79**

Klage 157

Spitzmäuschen Trixies Abenteuer 265

11

Im Mahlstrom der Emotionen

Im Mahlstrom der Emotionen bist du
jetzt gefangen.

Doch lass dich nicht durch Krankheit
übermannen.

Sicher erfährt man im Alter leider viel
Leid.

Doch halte ein, du hattest auch eine
gute Zeit.

Denke an die schönen Tage in
Dankbarkeit zurück.

Für niemanden gibt es auf Erden
beständiges Glück.

Vielleicht ist es die Mischung, die den
Appetit macht.

Veränderungen kommen meist ungeahnt
über Nacht.

Wer Koch und Kellner ist, ist schwer zu
sagen.

Willst du wirklich den Blick in Abgründe
wagen?

Der Alte muss sich nicht unbedingt
bescheiden.

Es kümmert ihn nicht, ob sie ihn
verachten oder beneiden.

In diesem Lebensabschnitt gehört er
sich ganz allein.

Ist diese Altersfreiheit nicht wundersam
fein?

Drum solltest du, was bleibt, noch voll
genießen.

Lass es dir unter keinen Umständen
vermiesen!

Philosophie

Der Recke

Leben bedeutet auch leiden.

Wer es versteht, wird bescheiden.

Ist diese Weltsicht pessimistisch,

Oder nicht eher ganz realistisch?

Was hast du davon, dich zu betrügen?

Ist es denn sinnvoll, sich zu belügen?

Mit geschlossenen Augen zu leben

Heißt, sich falschen Zielen hinzugeben.

Zu erkennen und nicht zu verzagen

Bedeutet, im Leben alles zu wagen.

Niederlagen muss man ertragen.

Völlig zwecklos, laut zu klagen.

Von niemandem lassen wir uns
vermiesen,

Zur rechten Zeit unser Glück zu
genießen,

Gegen das Schicksal anzukämpfen,
adelt den Recken.

Nichts kann den Tapferen erschüttern
oder erschrecken.

Lebensklugheit

Ach, wäre ich noch einmal jung,

Kraftvoll und voller Schwung!

Ich würde alles mutig wagen

Und nicht ängstlich verzagen.

Leider hat man mich eingeschüchtert

Und viel zu früh schon eingetrichtert,

Sich immer bescheiden anzupassen

Und ja nur alles brav zu unterlassen,

Was die Mitmenschen vielleicht hassen.

Ja, mit der Verbeugung und dem Hut in
der Hand,

Kommt man leichter durch das ganze
Land.

Sollte man besonders nach Sicherheit
streben?

Ist sie der Anker im chaotischen Leben?

Dies ist weder falsch noch richtig.

Das Leben ist immer vielschichtig.

Aber was ist wirklich wichtig? –

Alles ist am Ende nichtig.

Trost

Freude und Leid

Alles hat seine Zeit.

Böse Tage vergehen,

Auch ohne zu flehen.

Du willst den Schmerz vermeiden,

Stets auf der Welle des Glücks reiten.

Doch das Leben ist ein Auf und Ab.

Was oben ist, stürzt irgendwann hinab.

Fortunas Rad dreht sich weiter,

Von tieftraurig bis zu heiter.

Auf Hitze folgt Kälte und umgekehrt,

Sinnlos, wenn man sich dagegen wehrt.

Immer wieder geht die Sonne auf.

Das ist ihr natürlicher Verlauf.

Du musst Geduld aufbringen.

Nichts lässt sich erzwingen.

Kein Zuckerschlecken

Viel zu früh war der Start.

Der heutige Tag war beinhart.

Man setzte mich auf eine neue
Therapieschiene.

Auf dass ich mir, aber auch der
Menschheit diene.

Die Wochen werden fraglos schwer.

Vor Manchem fürchte ich mich sehr.

Doch muss ich diesen Weg gehen,

Sonst kann ich eben nicht bestehen.

Mein bitterer Tränenfluss

Wird anderen vielleicht zum Überdruss.

Doch geht es um meine Gesundheit.

Besiegen muss ich die Krankheit.

Einige Jahre noch will ich leben.

Danach nur möchte ich streben.

Wer feige aufgibt, hat schon verloren.

Niemand wird ein zweites Mal geboren.

Kaiserwetter

Heute strahlt die Sonne kräftig vom
Firmament.

Schon sitze ich entspannt in einem
Sommerhemd.

Die Vögel zwitschern munter in den
noch kahlen Zweigen.

Wen wundert's, der blaue Himmel hängt
jetzt voller Geigen.

Der graue, kalte Winter scheint endlich
vorbei.

In milder, würziger Frühlingsluft atme
ich frei.

Doch vielleicht ist es zu früh, schon jetzt
zu jubilieren.

Die Wette über das Winterende könnte
man verlieren.

Aber warum sollte ich über die
Wetterkapriolen spekulieren?

Oder gerade heute über die Wechselfälle
im Leben sinnieren?

Dieser begnadete Tag lädt ein zu
Frohsinn und Heiterkeit,

Verbannt aus unseren Herzen Ängste
und Traurigkeit.

Ist es nicht klug, die glücklichen
Stunden zu genießen

Und sie nicht mit schweren Gedanken
zu vermiesen?

Niemand hat die Macht, das Schicksal
zu bezwingen.

Prädestination oder auch nicht! Womit
willst du ringen?

Altersfrust

Schaust dich von Zeit zu Zeit im Spiegel
an.

Am Altern ist wahrhaftig nichts Schönes
dran.

Allmählichen Niedergang und jähen
Verfall

Entdeckst du leider schon fast überall.

Nichts gibt es, was die Veränderung
aufhält.

So ist es nun mal in dieser
vergänglichen Welt.

Schwer ist's, sich an diesen Gedanken
zu gewöhnen

Wie kannst du ihn mit deinem Leben
versöhnen?

Handeln aus Erkenntnis ist schmerzhaft
und bitterschwer.

Wo nimmst du die Kraft, dich selbst zu
überwinden her?

Bist du nicht wie alle, die gegen den
Wind rennen

Und dabei wesentliche Ziele des Lebens
schlicht verkennen?

Wer erfrecht sich, die Frage nach dem
Sinn zu stellen?

Er würde mit Sicherheit sich und andere
arg verprellen.

So ist es besser, sich von vorneherein
nicht zu bemühen

Und in süßer Lebensfreude sich dem
Frust zu entziehen.

Sonne im Herzen

Lass den Sonnenschein

Immer in dein Herz hinein.

Er wärmt es auf wie guter Wein,

Der im Nu vertreibt des Lebens Pein.

Mache ihn zu deinem steten Begleiter.

Denn nur er bringt dich im Leben weiter.

Melancholie dein Herz bald zerfrisst.

Glücklich, wer das Üble schnell vergisst.

Sich stets zu grämen,

Wird das Gemüt lähmen.

Gute Laune sicher macht,

Wenn man herzhaft lacht.

Im Leben kann man meist wählen.

Lass dir nichts von anderen befehlen.

Versuche, souverän zu bleiben.

Dann kann dich nichts aufreiben.

Denke immer fest daran,

Wie kurz ist die Lebensspann.

Solange Herr du bist deiner Zeit,

Sind Heiterkeit und Frohsinn nie weit.

Sein oder Nichtsein

Wirst du die böse Krankheit erneut
überwinden

Oder wird man dich unter den Besiegten
finden?

Natürlich bereitet dir unsäglichen
Verdruss,

Dass man diesen Kreuzweg gehen muss.

Du schaust mit gemischten Gefühlen
nach vorn.

In deinem wunden Fleisch steckt ein
spitzer Dorn.

Körper und auch Seele leiden daran
wirklich sehr.

Die Gedanken an die Endlichkeit wiegen
schwer.

Gelassenheit und Frohsinn wollen nicht
aufkommen,

Denn dein mit Ängsten gepeinigtes Herz
ist beklommen.

Sollte man nicht konsequent zum
Selbstbetrug greifen

Und so die Festung seelischer
Gefangenschaft schleifen?

Letzten Endes bleiben dir nur
Galgenhumor und Zuversicht

Und zu hoffen, dass am Ende des
düsteren Tunnels erstrahlt das Licht.

Du bist auch jetzt bereit, den Kampf
mutig aufzunehmen.

Nichts soll dich vorzeitig schwächen
oder deinen Willen lähmen!

Nostalgie

Ich bin verliebt in die Vergangenheit.

Noch kannte ich nicht das Leid.

Doch das Erwachen kommt nicht immer
sacht.

Manchen hat es schon um den Verstand
gebracht.

Schön war die Zeit der
Unbekümmertheit.

Heute bedrückt mich oft die Traurigkeit.

Einst blühten die Blumen bunt und
voller Duft.

An den Farben erfreute ich mich und
der würzigen Luft.

Spontane Freude fällt mir heute häufig
schwer.

Dunkle Gedanken drücken wie
Mühlsteine sehr.

Am Ufer des Meeres gehe ich gemächlich
entlang,

Schaue auf die wilden Wellen, mir wird
so bang.

Ja, ich bin verliebt in den Zauber der
Vergangenheit.

Noch immer erwärmt er mein Herz mit
Heiterkeit.

Doch nie wieder wird es so sein, wie es
einst war.

Diese Zeit kehrt nicht zurück. Das ist
mir leider klar.

Gegensteuern

Lass dich nicht niederdrücken durch
schwarze Gedanken.

Sie bringen schließlich doch nur alles
ins Wanken.

Du brauchst jetzt unbedingt Hoffnung
und Lebensglück.

Vielleicht bringt sie der liebliche Mai
endlich zurück.

Die Vögel zwitschern süß in Hecken und
Bäumen.

Im bequemen Gartenstuhl beginnst du
zu träumen.

Noch immer vertraust du auf eine
schicksalhafte Wende.

Dann werden auch dunkle Tage bald
gehen zu Ende.

Die Sonne gewinnt jetzt immer mehr an
Kraft.

Nichts kann sich vergleichen mit ihrer
Macht.

Helios ist der verehrte Gott des ewigen
Lichts.

Er stürzt die bedrückende Finsternis ins
nichts.

Neues Leben überall sinnenfreudig
erwacht.

Vorbei ist die Erstarrung der langen
Winternacht.

Realist oder Pessimist?

In der Abenddämmerung scheidet dahin
der hektische Tag.

In meinem Kopf dröhnt noch des
Trubels Pulsschlag.

Schon schwirren Fledermäuse durch die
Dunkelheit.

Hungrig sind sie und zu bizarr blutiger
Jagd bereit.

Regungslos sitze ich im Sessel und
schaue in die Nacht.

Manche Stunde habe ich auf diese Art
ganz still verbracht.

Jetzt aber sind Seelenruhe und
Harmonie zerbrochen.

Habe ich die Wende und Fäulnis
wirklich nicht gerochen?

Im Leben gibt es keine vernünftige
Stabilität.

Immer droht eine unkalkulierbare
Labilität.

Ist nicht eher glücklich das naive
Gemüt,

Da um tiefere Erkenntnis es sich nie
bemüht?

Wer weiß schon, was die launische
Zukunft bringt,

Wenn man sich auf das trügerische Rad
Fortunas schwingt.

Im jähen Sturz erfährt man den finalen
Vernichtungsschmerz.

Ein eiserner Erstickungsreifen
zerquetscht das müde Herz.

Doch dann hat man innere Ruhe und
tiefen Frieden.

Vorher waren sie dem Menschlein
keineswegs beschieden.

Wer aber kann schon wählen, ob er will oder nicht?

Wer fragt ihn denn? Er ist doch nur ein kleiner Wicht.

Leben heißt kämpfen.

Ohne Furcht und Tadel -

Nur das ist echter Adel.

Ängste sind Alligatoren.

Schnell ist man verloren,

Wenn sie Feigheit wittern

Und ihre Opfer ängstlich zittern.

Doch wenn du widerstehst

Und nicht kniefällig flehst,

Haben sie großen Respekt

Vor dem, was in dir steckt.

Sie hüten sich, dich zu knechten.

Sie wagen nicht, dich zu entrechten.

Nie ist der Freiheitskampf vergebens.

Er ist der Inbegriff humanen Strebens.

Die Grausamkeit des Menschen

Kennt leider keine Grenzen.

Er ist und bleibt ein Raubtier

Getrieben von unendlicher Gier.

Ist das nicht die brutale Lehre aus der
Vergangenheit?

Wer dies aus Schwäche bemäntelt,
erzeugt künftiges Leid.

Im Bernstein gefangen

Seit Jahrtausenden im Bernstein
gefangen, ist das bunte Insekt.

Starr alle filigranen Glieder, nie wird es
wieder zum Leben erweckt.

Kein Zweifel, es hatte seine vom
Schicksal vorbestimmte Zeit,

Schwirrte munter durch die
jungfräulichen Lüfte weit und breit.

Dann wurde sein brummender
Flügelschlag im Harz jäh beendet.

Doch Ehre wird ihm heute zuteil, wenn
man es als Schmuck verwendet.

Wir werden nie erfahren, warum es sich
in der klebrigen Masse verfing.

Wollen wir müßig spekulieren, wie es
ihm im Todeskampf erging?

Wissen wir denn, ob nicht das Schicksal
launisch mit uns spielt?

Vielleicht uns recht heimtückisch um
unsere Ziele bestiehlt?

Auch wir sind in gesellschaftlichen
Zwängen durchaus gefangen.

Denn viele um ihre Position, ja ihre
nackte Existenz täglich bangen.

Zum Schluss wird alles zerfallen zu
schwarzer Asche und trockenem Staub.

Niemand entgeht dem gefräßigen Wurm
oder entkommt der Flamme Raub.

Bist du jetzt womöglich neidisch auf das
im Harz eingeschlossene Insekt,

Weil dich der Gedanke an die schwarze
Verwesung höllisch erschreckt?

Der schwerste Kampf

Lass endlich die Sonne wieder über mir
scheinen.

Genug habe ich vom Leiden und
nächtlichen Weinen.

Der Kelch ist übervoll von salzigen,
kalten Tränen.

Nichts lässt sich beschönigen oder
verbrämen.

Ich schaue auf eine trübe Welt voll
beißender Bitterkeit.

Verschwunden sind der Optimismus
und die Heiterkeit.

Mit wachsender Ungeduld warte ich auf
die ersehnte Wende.

Wann endlich gehen die dunklen und
bleiernen Tage zu Ende?

Ängste bohren sich in die verletzte Seele
schmerzhaft hinein.

Wie soll ich mich wehren? Manchmal
fühle ich mich ganz allein.

Brauche ich ein Wunder oder nur die
normale Therapie?

Bei hinterhältigen Krebsleiden weiß man
das in Wahrheit nie.

Jeder möchte doch mit allen Mitteln dem
Tod von der Schippe springen.

Er quält sich und kämpft. Doch wird es
ihm ein zweites Mal gelingen?

Hämoglobin

Ein Zauberwort durchbricht die dunklen
Wolken.

Wie gern würde ich dem neuen
Lichtstrahl folgen!

Noch wuchert Skepsis wie üppiges
Unkraut im Beet.

Doch für die süße Hoffnung ist es nie zu
spät.

Trügerisch ist der Morast aus Krankheit
und Verzagen.

Doch wer soll's verantworten, bei wem
soll ich klagen?

Wenn die Schicksalsfäden launisch sich
verschlingen,

Könnte es den Denker um seinen
Verstand bringen.

Leben wir denn in einer planlosen,
feindseligen Welt,

In der alles unerwartet schnell in sich
zusammenfällt?

Doch an das Heilswort will ich mich
heftig klammern

Und aufhören vor Gott und der Welt zu
jammern.

Nichts reicht in Wirklichkeit an es
heran,

Weil es wertvolles Leben garantieren
kann.

Das Zauberwort, dem ich ab jetzt gerne
dien,

Ist mein neues Mantra und heißt
Hämoglobin.

Sturm

Zwischen Hoffen und Verzagen

Ist das Schiff in Sturm geraten.

Wellenberge drohen, es zu versenken.

Schon beginnt es, gefährlich zu krängen.

Der Himmel kein Zeichen des Trostes
sendet.

Hat Neptun sich dem Teufel
zugewendet?

Die Hoffnung auf Rettung scheint zu
zerbrechen.

An wem will sich der Gott der Meere
rächen?

Ich sehe keine Schuld und will nur
leben.

Wonach sollte ich denn sonst ernsthaft
streben?

Wer hat durch Gier nach Gold und Geld

Etwas davon, wenn seine Welt in
Scherben fällt?

Kein Quäntchen nimmt er mit in die
andere Welt.

So elend ist es nun einmal von Anfang
an bestellt.

Der Zyklus der Natur führt all dies
drastisch vor.

Wer es nicht sehen will, ist und bleibt
ein Tor.

Bilder der Vergangenheit

In tiefer, dunkler Nacht

Hält meine Seele manchmal Wacht.

Apnoetauchen in die Vergangenheit

Bewirkt nicht immer Heiterkeit.

Der Wirbel der Bilder droht, mich zu
verschlingen.

Es sind nicht immer Engelschöre, die
ein Loblied singen.

Noch einmal finden die alten Kämpfe
schweißtreibend statt.

Sie kontrafaktisch zu genießen, macht
bisweilen erst richtig satt.

Glasklar, konturenstark stehen die alten
Bilder mir vor Augen.

Manche sind aufdringlich und wollen
mir den Schlaf rauben.

Die Vergangenheit ist ein altes Haus voll
süßlichem Modergeruch.

Vielleicht lastet auf ihr ein
unergründlicher Schicksalsfluch.

Trotzdem erscheint es verlockend, in
ihren Räumen zu verweilen.

In Traumgeschichten gibt es keinen
Grund, sich zu beeilen.

Wenn dann das erste zarte Tageslicht
eine andere Sprache spricht,

Macht es die Seele erst richtig frei für
eine neue, frische Sicht.

Trutz dem Damoklesschwert

Ständig schwebt es über meinem Haupt.

Seine blutige Drohung den Atem mir
raubt.

Ich habe das angsterfüllte Warten satt.

Es peinigt die Seele und macht mich
matt.

Woher soll ich denn nur die nötige
Zuversicht nehmen?

Muss ich mich wegen meiner
nächtlichen Tränen schämen?

Solle man nicht lieber alle Belastungen
verdrängen,

Als sich ins quälerische Prokrustesbett
zu zwängen?

Der Tanz ums Goldene Kalb ist schon
längst vorbei,

Denn am Ende des Weges bin ich von
allen Zwängen frei.

Was nützen mir jetzt noch irdische
Güter und Lorbeeren?

Sie würden meine Seele doch nur wie
Mühlsteine beschweren.

Unendlich dankbar bin ich für die
gewonnene Zeit.

Deswegen stelle ich mich tapfer auch
dem größten Leid.

Vor dem Tag des Zorns will ich ständig
Epikur begrüßen

Und mir nicht durch schwarze
Gedanken alles verdrießen!

Träume

Ein gelungenes Gedicht

Ist wie ein helles Licht.

Die Dunkelheit es durchbricht.

Kristallklar wird die Sicht.

Erkennen kann schmerzhaft sein.

Nicht immer schmeckt der alte Wein.

Plötzlich wird, was groß, ganz klein.

Wird durch Erkennen der Geist erst
rein?

Wäre es nicht besser, sich in Illusionen
zu verlieren,

Als sich mit nüchternen Realitäten zu
frustrieren?

Süße Träume schaffen herrlich weite
Seelenräume.

Willst du auf sie verzichten und dich zu
Grunde richten?

Der Traum ist ein wesentliches Element des Lebens.

Träumst du nicht, lebst du vielleicht vergebens.

Gar manche Heilung kam daher im tiefen Traum

Und ließ gesunden den kranken Lebensbaum.

Rechtes Leben

An einem sonnigen Maientag vergiss
Sorgen und Plag.

Auch böse Gedanken schnell aus
deinem Herzen verjag.

Genieße in vollen Zügen den bunten,
lebendigen Garten.

Lass ihn, der mit Vogelgezwitscher
einlädt, nicht warten.

Denke stets daran, dass jeder hier nur
als kurzer Gast verweilt,

Die Zeit brutal gar jedem, ob er es will
oder nicht, enteilt.

Zum Schluss wird mancher sich
Rechenschaft geben,

Ob er es richtig oder falsch gemacht hat
in seinem Leben.

Die mächtige Kugel der Erde dreht sich
immer weiter.

Doch gilt dies nicht für es, das kleine
Menschlein, leider!

Ja, kein Gut und Geld kaufen ihm nur
einen einzigen Tag,

Den es vielleicht doch noch voll genießen
mag.

Wer seine Wünsche auf morgen
verschiebt,

Sich mit ziemlicher Sicherheit nur selbst
betrügt.

Brauchst du zu dieser harten
Erkenntnis Philosophie?

Besuch die Gräber, sie zeigen, was sein
wird, mit Garantie!

Unterwerfung

Du fühlst dich elend, schwach und
ausgelaugt.

Die Krankheit hat dir die frühere
Energie geraubt.

Wie warst du noch so ahnungslos vor
kurzer Zeit!

Noch dachtest du nicht an Verlust und
hässliches Leid.

Der Absturz kam beinahe über Nacht.

Er hat dich um die Lebensfreude
gebracht.

Wie wird es mit der Therapie
weitergehen?

Wirst du die Prüfungen erfolgreich
bestehen?

Du klammerst dich an neuartige
Medikamente.

Haben sie das Potential zur großen
Wende?

Noch wirst du die Hoffnung nicht
aufgeben,

Denn du willst doch einige Jährchen
leben.

Letztlich hilft dir weder beten noch
klagen.

Jeder muss sein Schicksal stumm
ertragen.

Doch die Unterwerfung ist bitter und
schwer.

Hast du die Kraft? Wo nimmst du sie
her?

Nostalgische Wände

Noch immer atmet das Haus die
Vergangenheit.

In diesen Wänden erfuhr ich Freude und
Leid.

Erwachsen zu sein, ist manchmal
schwer.

Gar mancher hängt an seiner Kindheit
sehr.

Bedrückt bewege ich mich jetzt im
Elternhaus,

Denn es ist menschenleer, wird mir zum
Graus.

Meine Hände berühren sanft
Gegenstände.

Sprechen zu mir die bebilderten Wände?

Nein, sie verharren stumm, aber
eigenartig lebendig,

Ihre Blicke entrückt und dennoch
überraschend beständig.

Die Botschaft ist klar. Was einst war,
kommt niemals wieder.

Durch die geöffneten Fenster duftet
betörend der junge Flieder.

Er überlagert den leichten Modergeruch
der vergangenen Jahre

Mit all den Erinnerungen, die ich so tief
in meinem Herzen bewahre.

Warum sucht meine Seele bisweilen
diesen nostalgischen Traum?

Er öffnet ihr, wenn auch nur kurz, einen
verborgenen Erfahrungsraum.

Das ewige Rätsel

Sonne, Mond und Sterne –

Ach, wie seid ihr nur so ferne.

Seid ihr nur Kugeln ohne Sinn und
Zweck?

Dann wärt ihr auch nur Steine und
Dreck.

Blind rast ihr durch das unendliche All,

Geboren aus einem Urteilchenschwall.

Doch ich kann es einfach nicht glauben.

Es würde mir den Verstand ganz
rauben.

An Gaia bin ich verkauft und ewig
gekettet.

Nichts aus dem Prokrustesbett mich
rettet.

Alle Menschen haben doch dasselbe Los.

Unwissentlich treiben sie auf des Hades
Floß.

Steht nicht hinter der Materie die
Transzendenz?

Die Welt wird beherrscht von dunkler
Ambivalenz.

Die Evolution kann nicht völlig sinn-
und zwecklos sein.

Wäre nicht dann das Menschenleben
grausam und gemein?

Die Ambivalenz der Seele

Bist du ganz mutterseelenallein,

Fühlst du dich nicht unbedingt fein.

Der Mensch ist gewiss ein Herdentier.

Das, ich bitte dich, glaube mir.

Die Gedanken beginnen zu wirbeln

Und können sich schnell verzwirbeln.

Auch Absurditäten können dich plagen.

Allein fehlt die Kraft, sie zu verjagen.

Ja, der Mensch ist ein **Zoon Politikon**.

Das wussten die alten Griechen schon.

Durch den Mitmenschen müssen wir
reifen.

Das wird ein jeder beizeiten begreifen.

Doch manchmal steht uns der Sinn
nach Robinsonade,

Auch ein begrenztes Eremitendasein ist
nicht schade.

Immer sind wir emsig auf der Suche
nach der Freiheit.

Gesellschaftliche Verbote wären die
größte Gemeinheit.

Was bleibt?

Erst Raum und Zeit

Schufen das Leid.

Am Ende des Lebens

Erscheint vieles vergebens.

Wonach der Mensch strebt,

Wofür er schließlich lebt,

Löst sich in nichts auf.

Das ist des Daseins Lauf.

Wir wollen es nicht wissen,

All dies ist kein Ruhekissen.

Wir machen uns Illusionen,

Die unsere Nerven schonen.

Sinnlos und Selbstbetrug in Süchten

Vor der Wirklichkeit zu flüchten.

Doch wer fürchtet nicht die
Konfrontation.

Sie lauert grinsend um die Ecke schon.

Das Risikospiel

Ja, hart ist das kurze Leben.

Mancher Schuss geht daneben.

Unerfüllt bleibt oft das Streben.

Dennoch sollte man nicht klagen.

Wer scheitert, sollte nicht verzagen.

Meist zahlt sich aus, es erneut zu wagen.

Das quirlige Leben gleicht einem Risikospiel.

Wer setzt, gewinnt oder verliert auch viel.

Betrachte nicht jeden Einsatz als *Big Deal!*

Das Schicksal mischt die Karten.

Auf seine Chance muss man warten.

Im Orkan

Das Schicksal schlägt brutal und launisch zu.

Es kennt nur Atempausen, gibt keine Ruh.

Du bist das Schiff in schwerer, stürmischer See.

Wem tun Untergangsszenarien nicht immer weh?

Doch nur wenn der Orkan bedrohlich tobt,

Wird der wahre Mut rigoros erprobt.

Entweder Schiffbruch oder Überleben:

Beide lassen das sturmerprobte Herz erbeben.

Illoyalität vor dem Feind wird mit dem Tode bestraft.

Alle Verräter und Zauderer werden rücksichtslos entlarvt.

Du musst dem Schicksalskrokodil in
das faulige Maul greifen.

Jetzt gibt es keine Möglichkeit mehr,
feige zu kneifen.

Die nüchterne Konfrontation mit der
Wirklichkeit

Erzeugt recht schnell brennendes
Seelenleid.

Doch was kann man nur mit Flucht
bezwecken?

Bedeutet es nicht, den Kopf in den Sand
zu stecken?

Mag auch die Diagnose sein wie ein
höllischer Fluch,

Mag an ihr widerlich kleben elender
Brandgeruch,

Es gibt nur diesen dornenreichen
Überlebenspfad.

Du wandelst auf diesem steilen,
abschüssigen Grat.

Die Zwillinge

Wenn der Schmerz dich erdrückt

Glaubst du, du wirst bald verrückt.

Ja, es ist das Alter, das dich bedrückt.

Gibt es nichts, das dich noch beglückt?

Körper und Seele bilden eine
unauflösliche Einheit.

Danach zu leben, ist der Königsweg zur
Gesundheit.

Schon antiken Heilern war dies
durchaus längst bekannt.

Doch die Schulmedizin hat es lange
bewusst verkannt.

Man kann nicht das eine vom anderen
separieren.

Wer es trotzdem tut, wird zwangsläufig
verlieren.

Doch wie kann die kranke Seele gesunden,

Wenn sie gefährlich blutet aus vielen Wunden?

Halte mit aller Kraft deine Gedanken rein!

Verbanne aus deinem Herzen, was gemein!

Hass gedeiht prächtig im vergifteten Seelenbeet.

Für eine radikale Wende ist es niemals zu spät.

Gedenkstättenblues am Watt

Ja, du würdest so gerne ewig leben!

Willst du wirklich kraftvoll danach
streben?

Doch auf Erden gibt es kein ewiges
Leben.

Diese Erkenntnis lässt viele Herzen
erbeben.

Nach siebzig oder achtzig Jahren ist es
vorbei.

Ob du Atheist bist oder gottgläubig, ist
einerlei.

Kennst du einen, der aus dem Jenseits
zurückgekehrt?

Kennst du einen, der dir je wahre
Einsicht hat gewährt?

Ins bloße Nichts wandern wir alle
irgendwann.

Auch tiefe Religion daran nichts ändern
kann.

Diese Botschaft ist leider schwer zu
ertragen.

Sie ist der Schmelztiegel aller irdischen
Plagen.

Hinein in den gefürchteten **Mahlstrom**
müssen wir.

Das gilt für alle, Pflanze, Mensch und
Tier.

Natürlich darf man sich jederzeit
belügen.

Hilft es, sich mit skurrilen Visionen zu
betrügen?

Hoffnung besiegt Skepsis.

Wirst du in schlimmer Lage mutig
bestehen

Oder musst du verfrüht, widerwillig
gehen?

Deine Zeit ist noch lange nicht
abgelaufen,

Wenn du nicht alles wirfst über den
Haufen.

Noch hast du die Kraft, dich entschieden
zu wehren.

Noch wirst du dich nicht durch Feigheit
entehren.

Du musst dich erneut zum Kampf
motivieren.

Wäre es nicht fatal, zu resignieren und
sich zu frustrieren?

Wer nicht kämpft, hat schon verloren.

Die endgültige Niederlage gellt in seinen
Ohren.

Der Weg nach Golgotha ist für jeden
schwer.

Schmerzen des Körpers und der Seele
bedrängen sehr.

Du glaubst fest daran, dass deine Sonne
die dunklen Wolken durchbricht

Und dir am Ende der Tortur wieder
spendet Wärme und helles Licht.

Drum lass die süßen Früchte der
Hoffnung in dir üppig gedeihen,

Dann wirst du deinem Schöpfer auch
harte Prüfungen verzeihen.

Religion

Hymne an den Allmächtigen

Leben, willst du, leben.

Nur Gott kann es geben.

Wenn du Ihm vertraust,

Wenn du auf Ihn baust,

Wirst du ewig leben.

Er allein bestimmt,

Was Er gibt oder nimmt.

Unfassbare, ewige Macht,

Schöpfer des Tages und der Nacht,

Herr über Freude und Pein,

Er bestimmt allein.

Nimmt mich an oder schickt mich weg.

Zu hadern, zu jammern hat keinen
Zweck.

Allmächtiger, gerne unterwerfe ich mich,

Denn trotz allem liebe ich Dich.

Wer nicht an Ihn glaubt,

Sich des Lebens beraubt.

Was bleibt von dieser Welt,

Die einst im Glutofen zerfällt?

Nur Er herrscht in Ewigkeit

Über Lebenslust und Leid.

Die Nacht, der Tag

Manchmal hasse ich die Nacht.

Dunkelheit oft Angst mir macht.

Den lichten Tag mit seiner hellen Sonne

Empfinde ich meist als reine Wonne.

Nachts bauen sich auf erdrückende
Sorgen.

Wie gerne verschöbe ich sie auf morgen!

Doch erst in den ersehnten, frühen
Stunden

Vernarben die nächtlichen
Seelenwunden.

Der helle Tag verjagt mit starker Macht,

Was Angst in meinem Gemüt hat
entfacht.

Verschwunden sind die Dämonen der
Nacht.

Mein Herz vor Freude wieder lacht.

Ein neuer Tag ist wie ein neues Leben,

Erfüllt von unserem lärmenden Streben.

Doch liege ich ziemlich daneben,

Wenn ich behaupte:
Nur Er kann es geben?

Verflucht in alle Ewigkeit

Noch können sie laut wie tolle Hunde
kläffen.

Doch hart wird die Henker Gottes Zorn
treffen.

Wenn sie den Tag des Jüngsten Gerichts
erleben,

Werden ihre steinernen Herzen
jämmerlich beben.

Sie haben die Äcker mit Blutorgien
durchtränkt.

Lebensfrohe Menschen in kalte Gräber
versenkt.

Jetzt bekommen sie ihren verdienten
Judaslohn.

Dämonen warten auf sie mit Spott und
Hohn.

Wurden die Scheusale in dunklen
Stunden geboren?

Hat die Vorsehung sie zu ihren
Mordtaten erkoren?

Der Gestank ihrer fauligen Körper
vergiftet die Luft.

Erstickend widerlich entweicht er der
feuchten Gruft.

Ihre Seelen müssen in siedendem Öl
schmoren.

Auf immer und ewig sind sie in der Hölle
verloren.

Teufel werden ihre verfluchten
Kerkermeister sein.

Auch unerträgliche Pein macht ihre
Seele nicht rein.

Sie haben nicht mit der Rache Gottes
gerechnet.

Bestialisch haben sie Unschuldige
lustvoll geknechtet.

War es ihr Sadismus oder ihre
abgründige Dummheit,

Die anderen Menschen brachte
unsagbares Leid?

Wunschdenken

Alle gehen diese gefährlichen Straßen.

Manche wie Seiltänzer, einige mit
Blasen.

Viele kennen das Ziel ihres Daseins
nicht.

Am Ende jedoch folgt das Jüngste
Gericht.

Werden wir müde dereinst ewige Ruhe
finden?

Auch solche, auf denen lasten schwere
Sünden?

Wer kennt ihn schon, den knochigen
Sensenmann?

Doch man weiß, dass niemand ihn
bezwingen kann.

Vielleicht ist alles nur Wunschdenken
und Illusion

Und im Sauseschritt fahren unsere
Hoffnungen davon.

Wir können uns nicht wehren, aber uns
rechtzeitig bekehren,

Sonst werden unsere schlechten
Gedanken uns entehren.

Schließlich geht ein jeder, wie er
gekommen ist,

Wenn für ihn abgelaufen ist, die kurze
Lebensfrist.

Doch wer will die harte Wahrheit schon
vorher wissen.

Ist nicht die Verdrängung ein bequemes
Ruhekissen?

Fragen über Fragen

Die Tage fliehen schnell dahin.

Du fragst nach des Lebens Sinn.

Wir sollen uns bewähren in der Welt.

Sinnlos, wenn es nur für Hab und Gut
und Geld.

Wir wollen wissen, wer wir sind.

Doch wir verharren wie ein Kind.

Niemand kann eine Antwort geben

Auf die Geheimnisse im Leben.

Wir können nur eifrig spekulieren

Und uns in falschen Ideen verlieren.

Man zweifelt an der göttlichen Existenz.

Ist dies der Gipfelpunkt der Intelligenz?

Wir sollten uns immer demütig
bescheiden,

Auch wenn wir unseren Horizont
ausweiten.

Vielleicht ist das ganze Universum
Illusion.

Ist dies nur Konfusion oder doch
Konklusion?

Gebet

Alles ist endlich.

Alles ist vergänglich.

Nichts kann vor der Zeit bestehen.

Alles wird der Wind verwehen.

Quälen uns diese dunklen Gedanken?

Bringen sie unser Weltbild ins Wanken?

Welche Schlüsse ziehen wir hieraus?

Wie bestellen wir am Ende unser Haus?

In dieser armseligen Welt

Alles in Scherben fällt.

Nur in der Transzendenz

Gibt es keine Dekadenz.

Er herrscht von Ewigkeit zu Ewigkeit,

Vater des Leids, aber auch der Seligkeit!

Schöpfer und Vernichter der Raumzeit,

Hab Erbarmen! Gib uns dein Geleit!

Was bleibt?

Würmer und Maden sollen mich dereinst
nicht verzehren.

Das lodernde Feuer wird mich gewiss
nicht entehren.

Die heiligen Flammen gemahnen an den
Jüngsten Tag.

Nach dem großen Gericht ich ins Nichts
versinken mag.

Was wird nicht zu Asche verbrannt und
verweht als Staub?

Alles wird zu der reinigenden, heiligen
Himmelsflamme Raub.

Aus dem Nichts ins Nichts - das ist des
Weltenrichters Wahrheit.

Dies aus Feigheit zu leugnen, wäre
unverzeihliche Torheit.

Leben wir vielleicht doch nur in einer
illusionären Blase?

Erkennen wir die andere Wirklichkeit
erst in der letzten Phase?

Auch Granit wird allmählich zerbröselt
und vom Wind verweht.

Es macht keinen Unterschied, ob man
dreist ist oder Erbarmen erfleht.

An diesem Abend hörst du den schrillen
Schrei der Fledermäuse.

Er dringt selbst ohrenbetäubend durch
diamantenes Gehäuse.

Alles, was du bisher gedacht, gekannt,
wird auf den Kopf gestellt.

So eben versinkst du ins Bodenlose
zusammen mit deiner Welt.

Die österliche Botschaft

Heute ist alles grau und wie gelähmt.

Meine Osterstimmung ist arg vergrämt.

Die Lust am Spaziergang ist
abgestorben.

Das drückende Wetter hat vieles
verdorben.

Die Frage der Auferstehung ist ein
schwieriges Feld.

Wer glaubt noch an die Kernbotschaft in
dieser Welt?

Hat nicht der Atheismus das
Christentum fast verdrängt

Und damit die Weite philosophischer
Spekulation verengt?

Was übrigbleibt, ist ein ausgeprägter
Skeptizismus.

Er verstärkt mit Sicherheit den
quälenden Pessimismus.

War denn die Hoffnung vieler
Generationen nur süßer Betrug?

Hat jetzt der aufgeklärte Geist von
frommen Märchen genug?

Doch der Mensch kann nicht in dumpfer
Depression leben.

Man muss ihm gewiss eine neue,
tröstende Erzählung geben.

Wer verzichtet schon auf die Frage nach
dem Sinn des Lebens?

Wer will schon hören, dass zum Schluss
alles war vergebens?

Noch immer nicht!

Höre endlich auf zu klagen.

Wer möchte dein Gejammer ertragen?

Wie es um sie selbst steht, wollen sie
nicht wissen.

Borniertheit ist in jedem Fall ein sanftes
Ruhekissen.

Ist dir wirklich noch nicht klar,

Dass es doch immer schon so war?

Alles ist schließlich nur von kurzer
Dauer.

Immer liegt der hässliche Tod auf der
Lauer.

Doch du Schlawiner willst ewig leben.

Auch wenn die Grundfesten der Erde
beben.

Dem Tod willst du nicht ins eisige Auge
sehen.

Lieber willst du kämpferisch auf der
Barrikade stehen.

Wer möchte schon ehrlich denken an
sein Lebensende?

Hinausschieben wollen die meisten die
verhasste Wende.

Wenn der Tag des Zorns kommt, es der
Seele frommt,

Zu sagen: „Gevatter Tod, ich bin bereit
für die Reise in die Ewigkeit."

So ist das Leben.

Du fühlst dich nicht gut.

Fehlt es dir an Mut?

Leben heißt leiden.

Das lässt sich nicht vermeiden.

Schon Buddha wusste Bescheid.

Seine Lehre predigte er gegen das Leid.

Die Erkenntnisse kamen ihm unter dem Feigenbaum.

Das war sicherlich sein folgenreichster Traum.

Du weißt um die brutale Endlichkeit.

Alles im Leben hat seine begrenzte Zeit.

Natürlich wollen die meisten ewig leben.

Doch Gott hat es uns leider nicht gegeben.

Mit der Realität müssen wir uns
auseinandersetzen.

Keinen Sinn macht es, gegen die
Heilslehren zu hetzen.

Auf primitive Weise hat es Karl Marx
mehrfach getan.

Doch schließlich war an seiner Ideologie
nichts dran.

Sie liegt längst schon faulig stinkend im
geistigen Grab.

Mutige Denker stießen sie im Auftrag
des Allmächtigen hinab.

Dort gehören sie mit Fug und Recht für
immer hin.

Machte ihr verlogenes Heilsversprechen
je tieferen Sinn?

Das kleine Urnengrab

Das kleine Urnengrab fesselt meinen
Blick.

An manche Jahre denke ich nostalgisch
zurück.

Unbeschwerte Zeiten sind wie im Flug
vergangen.

Jetzt ist der Himmel trostlos und tief
verhangen.

Wo bist du jetzt? Wohin ist deine Seele
entschwunden?

Darf ich als Christ überhaupt so fragen
unumwunden?

Der Körper blieb erkennbar in der
dunklen Asche zurück.

Auf ewig vorbei sind das frühere Leid
und Lebensglück.

War es denn nur Einbildung und
gemeiner Betrug?

Irgendwann hat man von diesem Dasein
genug.

Der Tod kann Tröster und ersehnter
Befreier sein.

Vor ihm wird der Mensch demütig und
ganz klein.

Am Abendhimmel jetzt die goldenen
Sterne erscheinen.

Du hast genug getrauert. Du musst
nicht mehr weinen.

Was du laut beklagst, ist schließlich der
Lauf der Welt.

Am Ende immer alles zu Staub und
Asche zerfällt.

Der Inbegriff des Strebens

Das kostbarste Gut ist das Leben.

Es ist der Urgrund allen Strebens.

Alles ins bare Nichts zusammenfällt,

Wenn wir Abschied nehmen von der
Welt.

Nichts bleibt von dem zurück,

Was einst stand für das Lebensglück.

Gibt es ein Leben nach dem Tod?

Manche glauben es in ihrer Not.

Doch niemals ist jemand zurückgekehrt

Und hat uns über das Reich der Toten
belehrt.

Wir machen uns allerlei skurrile
Gedanken.

Doch ach, bald kommen sie ins Wanken!

Am Ende ziehen wir den bitteren
Schluss,

Dass jeder Eskapismus in die Irre
führen muss.

Das Leben wird uns jedenfalls nur
einmal gegeben.

Sollten wir nicht nach seinem Erhalt
inbrünstig streben?

Die Qualen des ewigen Feuers

Gibt es noch Sicherheit?

Wir leben in schwieriger Zeit.

Menschen stöhnen vor Leid.

Der Frieden ist noch weit.

In Gaza und der Ukraine vergießt man
unschuldiges Blut.

Rachsüchtige, verblendete Schlächter
bekommen nie genug.

Sie wollen Tod und Verderben über
Menschen bringen

Und glauben fest daran, glorreiche Siege
zu erringen.

Menschenverachtend und hirnverbrannt
sind ihre Ziele,

Versteinert und pervertiert ihre
dämonischen Gefühle.

Sollten sie nicht in den anderen ihre
Brüder und Schwestern sehen

Und mit Inbrunst göttliche Vergebung
kniefällig erflehen?

Doch das Böse sitzt scheinbar
unausrottbar in ihren Genen.

Vergiftetes Natternblut durchströmt ihre
ruchlosen Venen.

Sie werden den Qualen des ewigen
Feuers niemals entkommen.

Erlösung der Seelen und ewigen Frieden
erfahren nur die Frommen.

Erkenntnis

Die Jugendjahre gingen schnell vorüber.

Was einmal war, das kommt nicht
wieder.

Bunt und voller Träume war die arglose
Zeit.

Der Lebensweg schien unüberschaubar
und weit.

Doch irgendwann fast über Nacht

Klopfte das Schicksal an mit Macht.

Die große Illusion ging verloren.

Der monotone Alltag war geboren.

Schläge kamen mit voller Wucht.

Vor ihnen gab es keine Flucht.

Tränen und Schmerzen gehören zum
Leben.

Sie lassen unser Innerstes erbeben.

Die Hüllen der Naivität fallen krachend
ab.

Sie reißen manchen ins frühe Grab.

Doch dem Raubtier mutig ins Auge zu
schauen,

Heißt das nicht erst, der göttlichen
Gnade zu vertrauen?

Einsicht durch Überwindung

Allmählich erschrecken den Alten

Seine tiefen Runzeln und Falten.

Kraft und Schönheit zerfallen.

So geht es aber schließlich allen.

An was soll er sich klammern?

Was hat er nur vom Jammern?

Die Zeit zerquetscht sie doch alle.

Alle gehen in diese Schicksalsfalle.

Man muss sich mit dem Nichts abfinden

Und seine animalischen Ängste
überwinden.

Kann man dem ganzen Irrsinn Sinn
abgewinnen?

Die Frage allein ist schon ein sündiges
Ansinnen.

Aber solange vernunftbegabte Menschen
leben,

Werden sie nach einer plausiblen
Antwort streben.

Doch wer die sieben Siegel der
Offenbarung bricht,

Vielleicht sich und anderen mitten ins
Herz sticht.

Die Qualen des Agnostikers

Ja, schimpf heftig mit mir,

Wenn ich zum Agnostiker mutier.

Wenn ich den Glauben verlier,

Was kann ich denn dafür?

Wenn nachts schwarze Gedanken
triumphieren

Und mich rücksichtslos brutal
attackieren,

Soll ich dann noch an
Wiederauferstehung glauben,

Wenn kritische Einwände mir die
Überzeugung rauben?

Dann kämpfe ich mit grausamen
Dämonen,

Die schon lange in meiner wunden Seele
wohnen.

Nachts wird alles faulig schal und
ekelhaft bitter.

Alles Weltliche wird zu falschem Glanz
und Glitter.

Wie soll man nur diese Härte der
Erkenntnis überwinden

Und zum festen Gottglauben
zurückfinden?

Der philosophische Materialismus
erleichtert nicht die Not.

Nein, er verstärkt nur die Angst vor
Auslöschung und Tod.

Liebe

Was ist Liebe?

Die Liebe wächst drinnen im Herzen.

Niemand erfährt sie ohne Schmerzen.

Sie weckt Stürme des Gefühls und der Passion.

Ein Mensch, der je geliebt, weiß das schon.

Die Liebe ist Wagnis und auch Gefahr.

Doch ohne Risiko wird sie nicht wahr.

Wir sind zum Liebesopfer meist bereit.

Die wahre Liebe fast alles verzeiht.

Wie im Fieberwahn entfesselt das Feuer der Liebe

In unserem Denken und Fühlen stärkste Triebe.

Niemals will ein Mensch auf sie
verzichten.

Keine Macht auf der Erde kann sie
vernichten.

Sie ist unseres Herzens Zelot, manchmal
auch Despot

Dichter behaupten gar, sie überwinde
den Tod.

Aus ihr jedenfalls quillt des Lebens Saft.

Sie gibt uns Tiefe der Erfahrung und
Kraft.

Wenn das Herz spricht

Dich zu vergessen,

Wäre vermessen,

Denn ich liebe dich.

Du umfängst mich.

Kein Atemzug

Gibt mir genug.

Ich dürste nach dir.

Es brennt in mir.

Du, mein Alpha und Omega!

Nur für dich bin ich immer da.

Wir haben uns verschworen.

Ohne dich wäre ich verloren.

Mit dir innig verbunden zu leben,

Nur danach will ich streben.

Von dir getrennt zu sein,

Wäre die größte Pein.

Wie ein Doppelgestirn sind wir.

Du bist mein, ich gehöre dir.

Mondnacht

Milder Mondenschein fällt zum Fenster
rein.

Liege auf meinem Bett, bin nicht ganz
allein.

Diese monderleuchtete Nacht

Ist für fühlende Herzen gemacht.

Ich schaue auf den nächtlichen Garten
hinaus.

Alle Lampen sind schon länger aus.

Formen und Farben sind vom
Zauberlicht verwandelt,

Ob es sich beim Mond um einen
kosmischen Magier handelt?

In dieser stillen Nacht ruhen alle rohen
Kämpfe.

Kein übler Gedanke erzeugt
schmerzhafte Krämpfe.

Ein Kater schleicht liebesgierig durch den Garten.

Ob liebesbereite Kätzinnen ihn wohl erwarten?

Ja, diese wundervolle, romantische Nacht

Ist für die innige, zarte Liebe wie gemacht.

Erlebe mit mir, meine Liebe, diese Stunden.

Sie heilen auch alte und tiefe Wunden.

Das Liebesversprechen

Ich vergesse dich nicht.

Selbst wenn mein Herz zerbricht.

Was war, ist längst vorbei.

Doch ist es mir nicht einerlei.

Nichts kommt je zurück.

Vergangen ist das Glück.

Geblieben ist der Schmerz,

Drückt mächtig auf mein Herz.

Willst du die Flut der Tränen sehen,

Wenn die Gefühlsstürme heftig wehen?

Heiß brennt das Feuer der frühen Liebe.

Und entfacht die Gier der wilden Triebe.

Doch irgendwann sind wir erwacht.

Verrauscht und vorbei war die Liebesnacht.

Werden wir noch einmal diese Glut erfahren?

Oder bleibt uns nur, den süßen Traum zu bewahren?

Bitte, vergiss mich nicht,

Weil sonst mein Herz zerbricht.

Denk an unser verliebtes Versprechen!

Auf ewig wollten wir es nicht brechen.

Wir wollten der Zeit ein Schnippchen schlagen.

Vergeblich sollte sie an unserer Liebe nagen.

Wir wollten mit aller Macht ihr widerstehen

Und nicht gebeugt in Sack und Asche gehen.

Verlass mich nicht!

Wenn du gehst, ist alles vorbei.

Dann bricht mein Herz entzwei.

Es ist kaum zu fassen.

Nie kann ich von dir lassen.

Du bist die zentrale Kraft,

Die alles mit mir macht.

Ohne dich bin ich zerrissen.

Ohne dich bin ich zerschlissen.

Mitten in tiefer, dunkler Nacht

Bin ich erschrocken aufgewacht.

Ich dachte, du hättest mich verlassen.

Der Schmerz war nicht zu fassen.

Wie ein wildes Tier

Rief ich laut nach dir.

Doch du lagst neben mir.

Nur die Liebe zählt.

Wahre Liebe ist der größte Schatz.

Immer hat sie im Herzen ihren Platz.

Die Jahre kommen und gehen.

Sie aber wird auf ewig bestehen.

Selbst wenn die weite Welt

Einmal in Trümmer zerfällt,

Selbst wenn der Glaube zerspellt,

Ihr diamantener Wert nicht verfällt.

Was kann der Mensch erstreben

In seinem kurzen, krummen Leben?

Gut und Geld dürfen es niemals sein,

Denn das wäre platt und gemein.

Am Ende macht das Materielle keinen
Sinn.

Nie waren der Ruhm und das Gold
Gewinn.

Spät kommt die Erkenntnis auf dem
Sterbebett.

Der bittere Totentanz wird kein heiteres
Ballett.

Nur die Liebe überwindet des Jenseits
Schranken.

Mag die Welt am Jüngsten Tag noch so
wanken!

Die wahre Liebe bleibt hiervon immer
unberührt,

Denn sie hat uns längst ins Paradies
entführt.

Rubinhochzeit

Vierzig Jahre sind im Menschenleben
eine Ewigkeit.

Doch schnell flog dahin im Auf und Ab
die kostbare Zeit.

Immer hielten wir uns die einst
versprochene Treue.

Sie ist der Kern des ehelichen Glücks,
verbannt die Reue.

Erfüllte Jahre bedeuten mehr als
Diamanten und Gold.

Wer sie in Tiefe erfährt, weiß, dass das
Schicksal ihm hold.

Zuneigung und Liebe besiegen sichtbar
das Materielle.

Schon immer triumphierte zu guter Letzt
das rein Spirituelle.

In den Stürmen des Lebens braucht der
Mensch Gewissheit.

Was immer er sich wünscht: Zum
Fundament wird die Ehrlichkeit.

Ist sie es nicht ganz allein, die auf Dauer
zusammenschweißt?

Jeder Mensch erstrebt Verlässlichkeit in
geborgener Zweisamkeit.

Dankbar blicken wir zurück auf die
Jahre des quirligen Lebens.

Waren sie nicht kostbar, der liebevolle
Goldstandard des Strebens?

Wenn treues Zusammensein im Alltag
überzeugend gelingt,

Schafft es die innere Kraft, die alle
Widrigkeiten bezwingt.

Liebesgeflüster

Der Liebende:

Bitte, verlass mich nicht!

Meine Seele zu dir spricht.

Du bist der Inbegriff meines Lebens.

Ohne dich ist für mich alles vergebens.

Was nützen Erfolg und Taschen voller
Geld?

Sind sie nicht fauler Zauber in der Welt?

Am Ende zählt die Tiefe des Lebens.

Was wäre sonst der Sinn des Strebens?

Die Liebende:

Wie kannst du nur an so etwas denken?

Willst du mich durch deine Eifersucht
kränken?

Die Liebenden:

Gemeinsam Hand in Hand durchs Leben
zu gehen,

Gemeinsam tapfer im Lebenskampf zu
bestehen:

Nur dies allein kann unser erklärtes Ziel
sein,

Denn nicht immer ist alles eitel
Sonnenschein.

Unsere Herzen schlagen in Harmonie.

Erfüllt sind unsere Tage wie noch nie.

Gelegenheit

Vor der Therapie

In noch dunkler Nacht

Bin ich sorgenvoll erwacht.

Drückende Gedanken plagen.

Wie soll ich sie nur ertragen?

Das Rezidiv sehr erschreckt.

Was wird wohl noch entdeckt?

Im Raum steht die Remission.

Ihre Tücken kenn ich schon.

Wird es mir noch einmal gelingen,

Ihm von der Schippe zu springen?

Die flüchtige Zeit eilt gemein dahin.

Noch fünf Jahre hätte ich im Sinn.

Noch lebe ich ausgesprochen gern.

Der Gedanke an das Ende ist mir fern

Und leider doch so brutal nahe,

Auch wenn ich ihn niemals bejahe.

Unruhig schlägt des Menschen Herz,

Gefangen im Vergänglichkeitsschmerz.

Wo nehme ich Trost und Hoffnung her?

Vor der Therapie quälen Ängste sehr.

Was tun?

Angst erzeugt Frust.

Zerstört die Lebenslust.

Die Entscheidung ist bitter,

Du bist kein tapferer Ritter.

Du hast viel zu wenig Mut.

Ertrinkst in der Gedankenflut.

Bist du schon am Ende?

Oder kommt die Wende?

Nur kämpfend kannst du siegen.

Lass dich nicht unterkriegen.

Noch ist alles ganz offen.

Noch kannst du hoffen.

Es macht keinen Sinn zu trauern.

Willst du dir die Tage versauern?

Leg endlich die eiserne Rüstung an!

Auf in den Kampf! Ich will, ich kann!

Hoffnung

Früh ist in diesem Jahr der Frühling
erwacht.

In seiner atemberaubend herrlichen
Blütenpracht.

Fast jede Hecke trägt ein weißes,
makelloses Kleid.

Doch mein Herz ist für die Lebensfreude
nicht bereit.

Eigentlich will ich mit den munteren
Vögeln singen.

Aber was soll meinem blutenden Herzen
Freude bringen,

Wenn die Sorge mich innerlich
vollständig zerreißt,

Die Angst vor dem Morgen mich ganz
verschleißt.

Wann wird die schwere Last von mir
abfallen?

Wann wird mir das Leben wieder
gefallen?

Alles hängt vom Erfolg der Therapie ab,

Ob ich noch atmen darf oder sinke
herab.

Nie hätte ich in unbeschwerten Jahren
gedacht,

Was eine heimtückische Krankheit mit
mir macht.

Noch blinkt ein starker Leuchtturm in
weiter Ferne.

Noch vertraue ich seinem verlockenden
Licht gerne.

Mut

Du fühlst dich ganz klein und allein.

Dies vermehrt die seelische Pein.

Doch willst du unbedingt leben,

Nach weiteren Jahren streben.

Du willst das Schicksal bezwingen,

Tapfer mit der Krankheit ringen.

Willst du die Dämonen verjagen,

Musst du mehr tun als nur klagen.

Du musst die Schmerzen willig ertragen.

Schließlich solltest du alles mutig
wagen.

Dir bleibt keine vernünftige, andere
Wahl,

Als tapfer zu kämpfen in diesem
Jammertal.

Was am Ende steht, keiner wirklich
weiß.

Ist es die Niederlage oder der
Siegespreis?

Schon einmal hast du den Kampf
gewonnen.

Ängste sind wie schlechte Zeiten
verronnen.

Das Prinzip Hoffnung

Ich sitze hier im harten Onkologen-
Sessel

Fixiert durch Schläuche wie mit einer
Fessel.

Die Zeit vergeht nur noch quälend und
zäh.

Die Gefühle jagen, alles tut plötzlich
weh.

Schlechte Gedanken bringen mein Leben
ins Wanken.

Überall sehe ich unüberwindliche
Schranken.

Wie wird es in den nächsten Monaten
weitergehen?

Wann werde ich endlich wieder schöne
Seiten sehen?

Auf jeden Fall erliege ich nicht
kindischer Illusion.

Doch Remission preise ich ein als der
Therapie Lohn.

Die Hoffnung steht fest in der Brandung
des Bösen.

Nur wirksame Zytostatika können mich
noch erlösen.

Schon einmal gelang es mir, die
Krankheit zu besiegen.

Ich lasse mich durch nichts und
niemanden unterkriegen.

Irgendwann wird die Sonne der
Lebensfreude wieder scheinen.

Dann werde ich nicht mehr vor
lähmender Angst weinen.

Siebzig

Siebzig Jahre erscheinen viel

Im kurzem Lebensspiel.

Grausam rast die Zeit dahin.

Worin liegt der Jahre Sinn?

Wir hoffen auf ein langes Leben.

Aber nicht jedem wird es gegeben.

Nach Erfüllung sollten wir streben.

Dafür sollten wir wirklich alles geben.

Mit siebzig Jahren fraglos das Alter
beginnt.

Klug ist, wer immer noch Lebensfreude
gewinnt.

Ja, mit siebzig ist noch lange nicht
Schluss.

Keine Chance gib dem lähmenden
Verdruss.

Bekämpfe kraftvoll die Altersplagen.

Tue alles, um sie von dir zu verjagen.

Auch mit siebzig kann dies gelingen.

Lass dir den Altersfrust nicht
aufzwingen.

Liegen nicht in den Nachkommen die
Früchte des Lebens?

Sind sie nicht der Beweis eines
sinnerfüllten Strebens?

Mit Kindern und Enkeln dreht sich das
Lebensrad weiter.

Stimmt dich dies nicht trotz aller
Einschränkungen heiter?

Zum siebzigsten Geburtstag wünsche
ich dir ein langes Leben,

Gesundheit, Frohsinn, Glück und vor
allem auch Gottes Segen.

Zur Erinnerung an Erich

Als Segler liebte Erich die Wellen und den Wind.

Die Nordsee durchpflügte sein Boot geschwind.

Selbst ein Sturm konnte ihn nicht erschrecken,

Sondern nur seinen Seemannsmut wecken.

Dem Wattenmeer und den Inseln gehörte sein Herz.

Wenn er dort segelte, vergaß er Kummer und Schmerz.

Manche Stunde verbrachte er auf dem bewegten Nass.

Gerade wenn das Boot stampfte, hatte er seinen Spaß.

Das aufgewühlte Meer war gewiss sein
Sehnsuchtsort.

Zu ihm zog es ihn immer und
unwiderstehlich fort.

Doch irgendwann ist selbst die schönste
Törn vorbei.

Da hilft weder Nörgelei noch Meuterei.

In über achtzig bewegten und erfüllten
Lebensjahren

Hatte er schon fordernde Höhen und
Tiefen erfahren.

Doch selbst im heftigen Sturmgebraus

Schaute er stets voller Zuversicht
voraus.

Nun ist er wunschgemäß versunken in
Meeresgewinden.

Dort unten wird er seine verdiente Ruhe
auf ewig finden.

Nachts im Gedankenknast

Nach unruhiger Nacht

Bist du zerschlagen aufgewacht.

Belastende, üble Gedanken

Tief in dein Bewusstsein sanken.

Heftig hast du mit ihnen vergeblich
gerungen.

Sie haben sich dir wild aufgezwungen.

Der Morgen erst befreite dich von der
Last,

Entließ dich zäh aus dem
Gedankenknast.

Auf solche Nächte kann man verzichten,

Die die Lebensfreude fast vernichten.

Die Hydra der Krankheit will dich quälen

Und dir den Rest an Lebenskraft
stehlen.

Doch wenn man nicht vorschnell
kapituliert,

Das Monster der Unterwelt letztlich
verliert.

Felsenfest musst du an die Heilung
glauben.

Lass dir die Hoffnung durch nichts
rauben!

Auf in den Kampf

Die Dämonen der Finsternis

Stürzen dich in arge Besorgnis.

Schnell trat ein die böse Situation.

Doch von früher kanntest du sie schon.

Schon länger kündigte sie sich an,

Wälzte sich dann tsunamihaft heran.

Den Boden riss sie dir weg unter den
Füßen.

Jetzt musst du für deinen Leichtsinn
büßen.

Inständig hoffst du auf den finalen Sieg,

Erklärst der Krankheit den totalen Krieg.

Der eiserne Wille ist eine starke Macht.

Manche Heilung hat er schon gebracht.

Gesundung aber braucht gläubige
Geduld.

Noch wähnst du dich in des Schicksals
Huld.

Hart wird der Kampf und ziemlich
brutal.

Doch er wird sich lohnen allemal.

Am Boden, aber nicht besiegt

Frust quält das müde Herz

Und erzeugt bitteren Schmerz.

Die Therapie ist zunächst abgebrochen.

Hast du die Entwicklung nicht
gerochen?

Wie es jetzt weitergeht,

In den Sternen steht.

Du brauchst Zuversicht.

Aufgeben sollst du nicht!

Du musst an deine Zukunft glauben,

Sonst könnte man dir die Hoffnung
rauben.

Der Weg zum Sieg ist dornenreich

Und keineswegs für alle gleich.

Was zählt, ist die Remission.

Noch ist sie keine Illusion.

Du musst sie herbeizwingen

Und notfalls mit Dämonen ringen.

Die Infusion

Düstere Gedanken werden nur noch
schlimmer

Im prall besetztem Behandlungszimmer.

Angespannt wartest du auf die fällige
Infusion.

Ach, hättest du nur die Nadel in der
Vene schon!

Immer erdrückt dich das gleiche Ritual.

Immer bereiten dir vergebliche Stiche
Qual.

Dein Blick starrt auf die
pharmazeutische Flasche.

Gelangweilt kramst du in der
Hosentasche.

Tröpfchen für Tröpfchen zwängt sich in
deinen Körper hinein.

Gefesselt an den sturen Apparat fühlst
du dich ganz klein.

Starr und wächsern die Gesichter, die in
die Runde schauen.

Kein Wort durchbricht die bleierne Stille.
Es ist zum Grauen.

Belastende Gedanken jagen chaotisch
durch deinen Kopf.

Nun wird dir klar. Bist du nicht ein
bitterarmer, kranker Tropf!

Doch endlich ist die angespannte Zeit
des verhassten Wartens vorbei.

Stumm verlässt du die onkologische
Praxis und wähnst dich wieder frei.

Klage

Yolun sonu gürünüyor ...

Manche Entscheidung fällt schwer.

Wo nimmt man die innere Kraft her?

Wenn es geht um Leben und Tod,

Zittert man vor seelischer Not.

Denn ein jeder will lange leben.

Todesangst lässt das Herz beben.

Du hast keine Chance zu fliehen.

In kein Asyl kannst du ziehen.

Er holt dich überall hartnäckig ab,

Wirft dich ins faulige Grab hinab.

Bald bist du auf immer vergessen.

Gierige Würmer werden dich fressen.

So ist unser Leben nun einmal.

Es endet immer in tiefer Qual.

Darf man die Wahrheit sagen?

Sollte man sie schweigend ertragen?

Alles zu Asche und Staub vergeht.

Es spielt keine Rolle, wie lange man lebt.

Was ist der Sinn des kurzen Lebens?

Worin liegt der Sinn des Strebens?

Die Frühlingskrise

Wie herrlich, im Frühjahr in der Sonne
zu sitzen!

Mild ist ihr Schein. Noch muss ich nicht
schwitzen.

Ich genieße die lieblichen Stunden im
Freien.

Niemand darf mich deswegen der
Faulheit zeihen.

Lange und beschwerlich waren die
Wintertage.

Manchmal empfand ich den eisigen
Regen als Plage.

Doch vorbei ist vorbei - es ist jetzt
wirklich einerlei.

Ich möchte hinaus in Wald und Flur. Ich
fühle mich frei.

Bunte Vögel hüpfen anmutig auf der
bunten Wiese.

Ist sie noch nicht endgültig
überwunden, die Winterkrise?

Es gibt tiefe Wunden, die heilen langsam
von allein.

Doch hässliche Narben bleiben übrig.
Das ist nicht fein.

Ängste bohren sich schmerzhaft in die
Seele hinein.

Sie beißen zu wie blutgierige Wölfe. Das
ist gemein.

Wie kannst du sie aus deinem Inneren
verjagen?

Hilft es dir, wie ein kleines, hilfloses
Kind zu klagen?

Die Last des Schicksals

Trüb ist die Wartezeit.

Ungewissheit ist Leid.

Sein oder Nichtsein.

Der Druck ist gemein.

Du musst dich überwinden,

Eine Entscheidung finden.

Du hast keine freie Wahl.

Verzögern vermehrt die Qual.

Wer weiß schon, was die Zukunft bringt.

Wer weiß schon, wenn das Lied
verklingt.

Das Schicksal unser Leben dominiert.

Es bestimmt, wer gewinnt oder verliert.

Darum lass es willig geschehen.

Denn alles wird schließlich vergehen.

Alles ist nur eine Frage der Zeit.

Lebe danach und halte dich bereit.

Altersbefindlichkeiten

Trotz mildem Sonnenschein

Fühlst du dich nicht so fein.

Du machst dir große Sorgen.

Denkst immer nur an Morgen.

Schmerzen sind jetzt leider

Deine häufigen Begleiter.

Viel ist dem Alter geschuldet,

Das kaum ein Wohlgefühl duldet.

Schmerzen, die du nie gekannt,

Werden nicht durch Yoga gebannt.

Da hilft schließlich nur noch die Chemie

Gegen das üble Stechen im Knie.

Oft flüchtest du in eine ferne
Vergangenheit,

Denn da hattest du weniger körperliches
Leid.

Ständig suchst du nach den Quellen des
Glücks.

Doch behindern dich die Launen des
Geschicks.

Du sehnst dich sehr nach harmonischen
Zeiten.

Denn du hast genug von Tränen und
Leiden.

Vor deinem inneren Auge geht die Sonne
auf.

Sie steigt jetzt strahlend ganz hoch
hinauf!

Die fehlgeschlagene Tortur

Klein, kalt und abstoßend ist der Raum

Wie eine Todeskammer aus einem
Alptraum.

Ich liege wie ein Schlachtlamm auf der
Bank.

Körper und Seele fühlen sich jetzt ganz
krank.

Geschäftig klappert und plappert es um
mich herum.

Verrenkt hat man meine Beine und
Becken recht krumm.

Jetzt steht an die barbarische
Knochenmarkspunktion,

Ein besonders schmerzhafter Eingriff,
ich kenne ihn schon.

Die Punktionsnadel dringt zügig durch die Weichteile ein.

Könnte dieses Mal der brennende Schmerz erträglich sein?

Ich appelliere mit geballter Faust an den eigenen Heroismus.

Doch das Durchbrechen der Knochenhaut gerät zum Defätismus.

Die Nadel sammelt akribisch das spärliche Knochenmarksblut.

Die geringste Bewegung des Nadelkopfes tut überhaupt nicht gut.

Beruhigende Stimmen verkünden schließlich das Ende der Tortur.

Doch ohne Analgosedierung niemals mehr! Mein heiliger Schwur!

Aber dann raunt es leise an mein Ohr. Es ist heute fehlgeschlagen.

Wir haben kein Knochenmarksblut. Wir müssen es nochmals wagen.

Ich denke, das kann doch nie und
nimmer sein! Wozu die ganze Pein?

Ich sinke nach unten und werde klein.
Warum ist das Leben so gemein?

Den Altersfrust überwinden

Im Alter verlierst du stetig an Kraft.

Vertrocknet ist der frische Lebenssaft.

Mit Wehmut erinnerst du dich zurück.

Verschwunden ist das Lebensglück.

Jetzt kennst du sie, die bösen
Altersplagen.

Die Einschränkungen sind kaum zu
ertragen.

Neue Gewohnheiten müssen dringend
her.

An den alten festzuhalten, fällt dir
schwer.

Im Alter muss man sich neu erfinden.

Doch kann sich ein jeder überwinden?

Wer es nicht schafft, wird sicherlich
leiden.

Zu seinem Verdruss wird er Kontakte
meiden.

Unweigerlich ist das Ergebnis
Frustration.

Sie ist die bittere Frucht der Isolation.

Kraftlose Selbstbeschränkung wird zum
Hohn.

Ist sie nicht lähmender Ängste
schlechter Lohn?

Der Schmerz des Erkennens

Leider bist du jetzt ganz klein.

Passt in jede schäbige Ritze rein.

Das hättest du nicht gedacht.

Doch es überfiel dich über Nacht.

Keiner kennt sein Schicksal,

Weiß um die lauernde Qual,

Wenn er vom Alltagssockel fällt,

Wenn untergeht seine naive Welt.

Lange fühlt er sich ganz groß,

Denn nur die anderen trifft es bloß.

Es fehlt an der nötigen Phantasie.

Doch das Schicksal allein spielt Regie.

Warum versteht er es scheinbar nie,

Geht durchs Leben wie das liebe Vieh?

Doch schickt ihm die Natur nicht
weniger Leid,

Wenn er sorglos genießt seine Zeit?

Keine Antwort

Heilung braucht Zeit.

Chemo erzeugt Leid.

Im Bann der Angst

Du zittrig bangst.

Zwischen Hoffen und Verzagen:

Was kann der Mensch ertragen?

Himmel und Hölle erfahren:

Wie das Gleichgewicht bewahren?

Chemotherapie zerbröselt deine Kraft.

Saugt aus dem Mark den Lebenssaft.

Fatigue hat dich an der Gurgel gepackt.

Jetzt gehst du unbehaust, splitternackt.

Zerstochen sind die brüchigen Venen.

Lag die Krankheit schon in den Genen?

Haben dich Chemie und Strahlung
geschädigt,

Scheibchenweise und unmerklich
erledigt?

Altersklage

Die Zeit stürzt jäh auf den Abgrund zu.

Jagende Gedanken gestatten keine Ruh.

Im Alter misst man nach Monaten und
Tagen.

Große Zeitsprünge kann niemand mehr
wagen.

Was macht denn jetzt noch wirklich
Sinn?

Wovon verspricht man sich noch
Gewinn?

Die Jahre vergehen tatsächlich wie im
Flug.

Doch niemals hat man von ihnen genug.

Viele Menschen würden gerne ewig
leben.

Ja, danach würden sie energisch
streben.

Doch die Natur setzt jedem harte
Schranken.

Die Zeit bringt die stärkste Burg ins
Wanken.

Es ist nicht viel, was einst von unsrem
Dasein übrigbleibt.

Nur winzige Spuren treiben dahin im
Strom der Zeit.

Generationen kommen ungefragt und
müssen gehen.

Nichts, was heute ist, bleibt für immer
bestehen.

Natur

Die Natur als Lehrmeister

Ein grauer Schleier liegt über dem nassen
Land.

Der Wind ist still, als hätte man ihn
verbannt.

Kleine Wellen trüben Wassers plätschern
am Strand.

Möwen hacken gierig in den feuchten
Nordseesand.

Schier endlos dehnt sich das bräunliche
Wattenmeer.

Die Inseln weit draußen noch
auszumachen, fällt schwer.

Hoch über mir schnattern Scharen von
Graugänsen durch die Luft.

Sie erfüllt ist von durchdringender
Feuchtigkeit und salzigem Duft.

In Gedanken versunken gehe ich auf
glitschigen Steinen entlang.

Am Ufer der kalten Nordsee bin ich frei
und verspüre keinen Zwang.

Ich schätze die Zeit, wenn der lange Strand
ist völlig menschenleer.

Dann bilde ich mir ein, ganz allein zu sein
mit dem weiten Meer.

Ich spüre wie es gluckernd und
geheimnisvoll zu mir spricht.

Seine Botschaft entpuppt sich als ein
hermetisches Gedicht.

Es lehrt mich, geduldig mit mir und den
Menschen zu sein.

Denn nur so lebt es sich spannungsfrei
und arglos fein.

Alles zu seiner Zeit!

Heute zeigt sich die Nordsee von ihrer besten Seite,

Über das azurblaue Wasser schaue ich in die Weite.

Ein gewaltiger Windpark ist entstanden da draußen,

Ich höre sogar die großen Rotoren, wie sie eilig sausen.

Die Menschen erfreut der warme Sonnenschein.

Dieser Februartag ist ungewöhnlich mild und fein.

Ich genieße den Spaziergang frei nach Herzenslust.

Ja, an solch einem Tag vergesse ich den Alltagsfrust.

Ich ziehe jetzt sogar die Socken und Schuhe aus

Und wage mich barfuß ins kalte Watt hinaus.

Doch der nasse Schlick fühlt sich eisig an.

Ich sinke tief ein und komme kaum voran.

Die Kälte zwingt mich dazu, die Kneippkur
abzubrechen,

Sonst könnte sich der Körper mit einer
Erkältung rächen.

Am besten verzichtet man auf unzeitige
Heldentaten,

Denn an warmen Sommertagen lässt es
sich genüsslich im Watt waten.

Die neue Heimat der Weißwangengänse

Die Schreie der Weißwangengänse gellen in meinen Ohren.

Der Winter steht vor der Tür. Der Sommer ist verloren.

Hoch über meinem Kopf ziehen sie diszipliniert dahin.

Haben sie denn nur noch den warmen Süden im Sinn?

Ganze Scharen haben sich laut auf den Weg gemacht.

Steil über mir beeindrucken sie mich noch in der Nacht.

Ihr ständiges Schnattern erleichtert ihnen die Navigation

Über Land und Meer. Ich höre sie aus der Ferne schon.

Ihre Schreie zerreißen die Stille am Watt
in der Dunkelheit.

Meine Gedanken kreisen um sie, denn
ihr Weg ist so weit.

Ach, könnt ich doch mit den Gänsen in
den Süden ziehen

Und dem eisigen Winter wie sie in
unseren Breiten entfliehen!

Doch nicht alle begeben sich auf diesen
beschwerlichen Flug.

Recht viele haben inzwischen von der
gefahrvollen Reise genug.

Sie überwintern munter neben dem
Deich in ihrem schönen Revier.

Ein ausgedehntes Schutzgebiet bietet
ihnen jetzt eine Heimat hier.

Frühlingswende

Der Winter geht schnell zu Ende.

Es kommt die Frühlingswende.

Krokusse und Narzissen blühen.

Andere Blumen sich noch bemühen.

Die Winde jetzt merklich lauer wehen.

Schon kann man junge Knospen sehen.

Manche Bäume tragen ein neues
Blütenkleid.

Ja, das Frühjahrserwachen ist nicht
mehr weit.

Auch die Vögel zwitschern munter

Von allen Bäumen und Hecken
herunter.

Sie spüren die neue Frühlingskraft.

In ihnen fließt jetzt frischer Lebenssaft.

Auch in mir langsam erwacht

Neue Lebensfreude mit Macht.

Sie will meine Winterstarre verjagen,

Verstummen sollen der Seele Klagen.

Alles verändert sich.

Sturm und Wechselwetter sind
angesagt.

Beides flugs von neuem mich plagt.

Temperaturen im Gefolge sinken.

Ob bald wieder Eis und Schnee winken?

Doch ich habe wirklich genug davon.

Sehe den Frühling vor den Augen schon.

Winter lass endlich von mir ab.

Verschwinde in dein frostiges Grab.

Die Natur ist zu neuem Leben erwacht.

Schon entfalten Blüten ihre bunte
Pracht.

Die Zeit erzwungener Ruhe ist jetzt
vorbei.

Der Winter drückte auf meine Seele wie
Blei.

Im Leben braucht man für alles große
Geduld.

Nur so erfährt man des launischen
Schicksals Huld.

Nichts, was ist, für die Ewigkeit besteht.

Der Wind der Veränderung immer weht.

Die Lebensfreude erwacht.

Ist heute schon der erste Frühlingstag?

Sonnenschein, Wärme - ganz wie ich es
mag.

Überall sprießen die Blüten und
Blumen,

Durchdringen mit neuer Kraft die
Krumen.

Sanft streichelt milde Luft mein Gesicht.

Ein Spaziergang in der Flur wird zur
Pflicht.

Auch in mir fließt jetzt frischer
Lebenssaft.

Mächtig fühle ich muntere
Schaffenskraft.

Im hohen Horst erblicke ich ein
Storchenpaar.

Jetzt wird brennende Liebeslust für es
wahr.

Es klappert eifrig und freut sich zu
leben.

In seinen Nachkommen erfüllt sich sein
Streben.

Auch wir sind eingebunden in den Kreis
des Lebens.

Wären wir es nicht, wäre jede
Anstrengung vergebens.

Worin liegt zu guter Letzt der
Lebenssinn?

Sicherlich nicht im Materiellen und
Geldgewinn.

Der einsichtige Petrus

Schon wieder ist es regnerisch und nass.

So macht das Frühlingswetter keinen
Spaß.

Nichts wird aus dem Spaziergang in
frischer Luft.

Vergeblich locken die frühen Blumen mit
süßem Duft.

Sehnsüchtig warte ich auf Wärme und
Sonnenschein.

Wann endlich strahlt die Sonne in mein
Zimmer hinein?

Petrus, gib uns endlich die
durchgreifende Wetterwende.

Bringe die ärgerliche Nässe und Kälte
bald zum Ende!

Macht es dir Freude, unsere Geduld zu
strapazieren?

Willst du uns mit Regen und
Hagelkörnern provozieren?

Dann wirst du unsre Verehrung und
Zuneigung verlieren.

Denn niemand lässt sich dauerhaft
malträtieren.

Mein dringender Appell scheint von
schnellem Erfolg gekrönt.

Denn mit heiteren Sonnenstrahlen hast
du mich jetzt verwöhnt.

Nach all dem Klagen bin ich ganz und
gar mit dir versöhnt.

Du hast mich Menschlein ernst
genommen und nicht verhöhnt.

Am morgendlichen Meeresstrand

Kraftvoll strahlt die Morgensonne aus
wolkenlosem Himmel.

Leichte Gedanken reisen wie auf einem
weißen Schimmel.

Glitzernde Lichtpunkte tanzen auf den
azurblauen Wellen.

Kormorane tauchen auf und ab
zwischen Kämmen und Dellen.

Wie liebe ich diese frühen Stunden
ruhiger und stiller Einkehr!

Fühle mich wie in einem vertrauten
Zwiegespräch mit dem Meer.

Die Silhouetten der Schiffe spiegeln sich
auf leicht bewegter Fläche.

Vergessen sind die dunklen Gespenster
nächtlicher Schwäche.

Das pralle, bunte Leben ist nach
drückender Schwärze neu erwacht.

Vorbei sind die verhassten Ängste einer
erstickenden, tiefen Nacht.

Das gurgelnde Plätschern munterer
Wellen schenkt heitere Zuversicht.

Ja, die mediterrane Sonne erzeugt in
meiner Seele ein inneres Licht.

Sie leuchtet hell und doch nicht
blendend grell, sondern voller Harmonie.

Sie wärmt das müde Herz, vertreibt den
quälenden Schmerz wie nie.

Ach, könnte ich diese begnadeten
Morgenstunden immer genießen!

Dem Meeresrauschen entspannt
lauschend die Augen verschließen!

Wetterkapriolen

Ein rauer Wind vertreibt den
Sommerspass.

Zu früh gefreut, schon wieder ist es kalt
und nass.

Genossen hätte ich es, entspannt in der
Sonne zu sitzen

Oder auch bei der Gartenarbeit vielleicht
zu schwitzen!

Dunkle Regenwolken sind leider
aufgezogen.

Sie haben mich um die Frühlingslust
betrogen.

Wie oft schon sind meine Sehnsüchte
vorausgeeilt!

Doch wenn Illusionen zerplatzen, ist
man geheilt.

Ja, wer es beizeiten gelernt hat, Geduld zu üben,

Den kann auch ein grauer Himmel nicht betrüben.

Denn wie immer folgt auf Regen heller Sonnenschein,

Verjagt die Melancholie, dringt tief in unser Herz hinein.

Auch in unserem Leben gibt es diese Kapriolen.

Sind sie vom Schicksal oder von Gott befohlen?

Wir wissen nicht, ob wir lenken oder gelenkt werden.

Genau dies ist der Gordische Knoten auf Erden.

Frühlingsgedanken

Aus dunklen Wolken kalter Regen
niederfällt.

So einen Tag wie heute habe ich nicht
bestellt.

Ein heftiger Wind beugt Hecken und
Bäume.

Er rüttelt an den Läden, macht böse
Träume.

Das schlechte Wetter ist wohl
zurückgekehrt.

Der Sonnenschein hat uns nur ganz
kurz beehrt.

Wie schon oft müssen wir die Karwoche
überstehen!

Danach aber werden wieder laue Winde
wehen.

Ich freue mich auf diese durchgreifende
Wende.

Sicherlich geht die Regenperiode dann
zu Ende.

Wer wünscht nicht, dass endlich
Frühling werde!

Alles Lebendige sehnt sich nach ihm auf
dieser Erde.

Aus dem drögen Winterschlaf erwacht
jetzt die Natur.

Duftende Blumen blühen zart in Wald
und frischer Flur.

In meiner Brust pocht das Herz mit
neuer Lebensfreude,

Will nicht, dass ich die schöne Zeit als
Stubenhocker vergeude.

Frühlingslust

Trüb und dunkel beginnt der Apriltag.

Kein Lichtstrahl ihn zu durchdringen
vermag.

Doch die Wende steht unmittelbar
bevor.

Flüstern die Medien in mein geneigtes
Ohr.

Vom Mittelmeer strömt milde Luft heran.

Das macht das Atmen leicht, hebt die
Stimmung an

Der Garten beeindruckt mit frischem
Leben.

Der Frühling hat es ihm großzügig
gegeben.

Die Wärme breitet sich verlockend aus.

Es zieht mich ganz unwiderstehlich
hinaus.

Jetzt hat die Natur ihr Füllhorn
ausgegossen,

Freue mich über das Blütenmeer
unverdrossen.

Körper und Seele litten in den
Wintertagen.

Sie wurden gequält von dumpfen Plagen.

Alles war durchtränkt von eisiger Nässe,

Überzogen vom Raureif und seiner
Totenblässe.

Jetzt endlich eilt der milde Frühling
herbei.

Körper und Seele fühlen sich wieder frei.

Die schönen Stunden ausgiebig zu
genießen,

Heißt:
Sie nicht durch schlechte Gedanken zu
vermiesen.

Am Abend

Am Abend die warme Sonne hinter dem
Berg versinkt.

Durch das Gewölk ein letzter, blutroter
Strahl dringt.

Noch genieße ich der munteren Vögel
frohe Frühlingslieder.

Sie vermischen sich mit dem Duft, der
strömt aus frischem Flieder.

Milde Müdigkeit macht sich allmählich
in mir breit.

Eine Fledermaus in den nächtlichen
Himmel schreit.

Wahrscheinlich bilde ich mir nur ein, sie
zu hören,

Doch ihre bizarren Flugkünste mich
jedes Mal betören.

Der späte Abend wird mir zur ersehnten
Tageszeit,

Den Stress besänftigt er und das
aufgestaute Leid.

Die innere Kraft fließt aus ihm und die
Macht,

Mich sanft zu tragen in die traum-
erfüllte Nacht.

Labt er nicht die durstige Seele und das
Gemüt,

Weil er den Alltagsschmerz dem Herzen
entzieht?

Dringend brauchen wir seine heilende
Hand.

Daher kommt er im erlösenden
Sternengewand.

Maienfrust

Ununterbrochen fällt der Regen.

Wem bringt er jetzt noch Segen?

Wo bleibt die Wonne im Mai?

Ist sie denn schon wieder vorbei?

Flur und Acker sind längst nass.

Randvoll ist das große Wasserfass.

Im Hain trieft es vom Baum und
Strauch.

Konturen verschwimmen im
Dunsthauch.

Wann kommen Sonne und Wärme
zurück?

Nur sie versprechen mir ersehntes
Glück.

Noch muss ich durch Pfützen waten,

In denen die Vögel mit Freude baden

Doch wer sich brav in Geduld übt,

Ist schließlich weniger betrübt,

Als der, der gegen den Wind rennt

Und die Realitäten stur verkennt.

Die Allmacht der Natur

Alles im Regen versinkt.

Kein Sonnenstrahl winkt.

Dunkle Wolken ziehen am Himmel
entlang.

Wenn ich nach oben schaue, wird mir
bang.

Wo bleibt die beschworene Maienlust?

Sie ertrinkt im bitteren Regenfrust.

Glitschig das Gras, matschig der Weg,

Wie lange das wohl noch so weitergeht?

So habe ich mir den Mai nicht
vorgestellt.

Ich dachte an eine bunte, einladende
Welt.

Doch die Natur lässt sich nichts
befehlen.

Das sollte man einfach nicht verhehlen.

Der Mensch bleibt ihr ewig Untertan.

Alles andere ist hochmütiger Wahn.

Wollen wir nicht an ihrer Allmacht
leiden,

Müssen wir uns demütig bescheiden.

Kein schöner Mai

Wer wird diesen launischen Mai wohl
Wonnemonat nennen?

Hieße das nicht den Charme
vergangener Lenze verkennen?

Petrus will uns in diesem Jahr ganz hart
auf die Probe stellen

Und uns mit heftigem Regen ein Stück
Lebensfreude vergällen.

Seit vielen Tagen schüttet es beinahe
ohne Unterlass.

Äcker und Wiesen sind matschig und
sumpfig nass.

Das verleitet den Menschen den
Aufenthalt in der Natur.

Sie schauen entnervt auf dicke
Regenwolken über der Flur.

Sie sind verwöhnt durch sonnige, warme
Maientage.

Kein Wunder, dass sie jetzt erheben
mächtige Klage.

Ist dieser Wechsel schon dem
Klimawandel geschuldet?

Dann bleibt keine andere Wahl, als dass
man ihn erduldet.

Haben wir uns nicht schon seit
Jahrzehnten schuldig gemacht

Und so auch wissentlich zerstört des
Wonnemonats Pracht?

Jetzt zerrt uns der erzürnte Petrus vor
sein Klimagericht

Und führt uns drastisch vor Augen
unsere versäumte Pflicht.

Der Zauber des Mais

Genieße deinen hübschen Garten.

Lass alles andere getrost warten.

Die vegetative Kraft im Monat Mai

Ist leider wieder bald vorbei.

Es gilt, die herrlichen Stunden und Tage
einzufangen.

Wie goldene Sterne sie jetzt am Himmel
prangen.

Eröffne für sie neue, unbekannte
Seelenräume

Und schenke deinem Gemüt
unbeschwerte Maienträume.

Verbanne Weltschmerz und Schwermut
aus deinem Sinn

Und mache den Wonnemonat zu deiner
geliebten Freundin.

Sei ihr herzlich zugetan und treu auch
über den Mai hinaus.

Sollte ein erfülltes Leben nicht sein wie
ein bunter Strauß?

Tristesse und Melancholie sind jetzt fehl
am Platz.

Der holde Mai verlockt mit seinem
süßen Wonneschatz.

Wie kann man in diesem Monat
schwarzen Gedanken nachhängen!

Ist es nicht ein Leichtes, sie gerade jetzt
energisch zu verdrängen?

Spaziergang am Meer

Flach und starr ruht jetzt noch das
Meer.

Doch von Norden drücken dichte
Wolken schwer.

Hungrige Möwen stürzen und schrill
kreischen.

Sie können mein Mitleid nicht
erheischen.

Schlickig braunes Wasser drängt in die
Salzwiese.

Auf den Lippen fühle ich die steife,
frische Brise.

Ich gehe vorsichtig am rutschigen
Ufersaum entlang.

Der Himmel verdüstert sich, doch mir
wird nicht bang.

Bald wird ein kräftiger Schauer das
Vorland kühlen

Und gewiss auch prasselnd den Schlick
aufwühlen.

Manche eilen jetzt schon unter sichere
Dächer zurück.

Ich bleibe. Der Regen vermindert nicht
mein Meeresglück.

Oft suche ich bewusst rollende Wellen
und steifen Wind,

Weil ich gerade in der rauen Natur gute
Erholung find.

Gleicht nicht auch unser Leben
irgendwie den Gezeiten?

- Nur ständige Veränderung kann
unseren Blick weiten.

Watttherapie

Der kalte Wind peitscht mir ins Gesicht.

Auf den Wellenkämmen tanzt die Gischt.

Das Wasser klatscht gurgelnd gegen den
Steg.

Schon überspült die Flut den glitschigen
Weg.

Zugvögel ziehen in der Ferne ihre Kreise.

Sie sind zurückgekehrt von ihrer langen
Reise.

Am Binnensee lassen sie sich in Scharen
nieder.

Dies Schauspiel der Natur begeistert
immer wieder.

In Gedanken versunken laufe ich auf
dem Deich.

Durchnässt ist seine Krone, vom Regen
weich.

Über die bewegte Wasserfläche streift
mein Blick,

Vom Festland zu den Inseln am Horizont
und zurück.

Noch sind die Wege und Wiesen ganz
menschenleer.

Die Morgenstimmung in Einsamkeit
genieße ich sehr.

Die aufgewühlte Seele braucht bisweilen
die stille Einkehr.

Dann fällt auch, den Alltagstrubel zu
ertragen, nicht schwer.

Erkenntnis

Selbst Mitte Juni immer nur kalte
Regenschauer

Verderben Sommerlust und
Lebensfreude auf die Dauer.

Schon am Morgen ist der Himmel grau
und verhangen.

Der Nässe wegen beginnen Bauern, um
ihre Ernte zu bangen.

Wann endlich kommen die Sommertage
daher.

Noch länger zu warten, fällt zunehmend
schwer.

Ja, wir sind mit unserer Geduld am
Ende

Und ersehnen eine ausgeprägte Wende.

Überschwemmungen plagen die
Menschen an zahllosen Orten.

Groß sind die Schäden. Kaum kann man
sie fassen in Worten.

Existenzen werden brutal über Nacht
gänzlich zertrümmert.

Ob solch ein Schicksalsschlag nur die
Betroffenen kümmert?

Die Ahrtalkatastrophe hat uns
hoffentlich wachgerüttelt

Und die letzten Skeptiker kräftig
durchgeschüttelt.

Das Fazit sollte klar und für jeden
deutlich sein:

Wer die Natur betrügt, legt sich selbst
herein.

Petrus, habe Erbarmen!

Ab heute ist Wetterwechsel angesagt,

Beendet die langanhaltende Regenplag.

Tag für Tag ärgert uns das kalte Nass.

Längst schon sind gefüllt Zisterne und
Fass.

Wir freuen uns auf die herzerwärmende
Sommerzeit.

Befreit sie nicht auch die Seele von
Stress und Leid?

Wir müssen nicht mehr in langweiligen
Stuben verzagen,

Sondern können uns ohne Schirm in die
Natur hinauswagen.

Leider lässt sich mit Petrus kein Handel
machen.

Es beeindruckt ihn nicht, ob wir weinen
oder lachen.

Er kann sehr grausam sein und wirklich
recht gemein,

Doch er kann auch überraschen mit
mildem Sonnenschein.

Nichts erreicht man, wenn man ihn
entnervt beschimpft

Oder oft auch im heiligen Zorn gar arg
verunglimpft.

Im Umgang mit ihm, dem wilden
Gesellen, braucht man Geduld.

Dann schenkt er einem eher Zuneigung
und seine Huld.

Politik

Krisenbewältigung

Unser Land wird laienhaft regiert.

Die Wirtschaft mutwillig ruiniert.

Um die Demokratie ist es schlecht
bestellt.

Schon lacht man über uns in der ganzen
Welt.

Wie soll es nur mit Deutschland
weitergehen?

Wie soll das Land massive Krisen
durchstehen?

Wer hat die vernünftigen
Zukunftsvisionen,

Die unsere strapazierten Nerven
schonen?

Die Angst vor großem Wohlstandsverlust

Erhöhen die politische Wut und den
Frust.

Die Megakrise ist ja schon länger in Sicht.

Warum löst man drängende Probleme nicht?

Ein Ruck muss durch das Land gehen.

Dann werden heilende Winde wehen.

Neue Initiativen braucht das Land.

Pessimismus und Stillstand werden verbannt.

Realitätssinn

Manche treiben es bunt.

Andere gehen vor den Hund.

Mir ist schon lange einerlei

Törichtes, politisches Geschrei.

Sie würden sich nicht genieren,

Ein blühendes Land zu ruinieren.

Sie wollen schnell „dekarbonisieren".

Die Wirtschaft wird dabei verlieren.

Wohlstandsverluste sind dreist angesagt.

Die Massen werden mit Verzicht geplagt.

Frisst die geforderte Transformation

Am Ende unseren sauer verdienten Lohn?

Statt Krisenbewältigung übt man
Kommunikation.

Raffinierte Wortdrechselei- wem nützt sie
schon?

Keine schön gesetzte Rede macht die Menschen satt.

Nur Realitätssinn gepaart mit Fleiß wendet das Blatt.

Beendet den Krieg!

Scheinbar noch lange kein Ende,

Doch erleben wir jetzt die Wende?

Zwei üble Kriegsjahre sind vorbei.

Wer führt den ersehnten Frieden herbei.

Der Ukrainekrieg ist nicht unser Krieg.

Politiker faseln unerträglich vom Sieg.

Sie tun es, weil sie die Realität
verkennen,

Die Tatsachen nicht beim Namen
nennen.

Die Folgen der Niederlage wären
ungeheuer.

Sie würden fraglos astronomisch teuer.

Eine andere Politik muss bald her.

Scheinbar fällt Diplomatie recht schwer.

Sich mit einer Seite auf Gedeih und
Verderb zu identifizieren,

Heißt konkret, Optionen zu verlieren.

Klug ist, wer die Türen offenhält,

Auch wenn dies einigen nicht gefällt.

Beachtet die Lehren der Vergangenheit!

Krieg mit Russland brachte Deutschland
stets großes Leid.

Hochgelobt sei, wer die Verständigung
sucht.

Kriegstreiber seien für immer verflucht.

Maßhalten

Der Wille zur Lösung der Probleme fehlt,

Weil man sich nur mit Ideologien quält.

Die Wähler haben die Schnauze voll.

Manche Politiker treiben es recht toll.

Halten sie die Menschen für dumm?

Vielleicht ist ihre Weltsicht krumm.

Mit fetten Diäten sind sie abgehoben.

Man fühlt sich pudelwohl in der Blase
da droben.

Man beschwört die Demokratie,

Aber sie nimmt Schaden wie nie.

Lippenbekenntnisse keiner goutiert.

Schnell man frustrierte Wähler verliert.

Staatspolitisches Handeln wird belohnt,

Weil es die Leistungskraft der Bürger
schont.

Nur wer Maß hält, kommt auch zum
Ziel.

Mit der goldenen Mitte gewinnt man viel.

Säbelrasseln

Wer hat den Brei verdorben?

Ist die Diplomatie verstorben?

Wie soll es nun weitergehen?

Sollen wir die Götter anflehen?

Die Atomdrohung steht erneut im Raum.

Aus des Imperialisten Mund geifert
blutiger Schaum.

Wir müssen die Erfordernisse der Zeit
begreifen

Und dürfen nicht vor Angst feige
kneifen.

Allerdings sollten wir immer den Frieden
vorziehen,

Uns grundsätzlich um
Völkerverständigung bemühen.

Wer den Frieden ernsthaft sucht,

Den Krieg aus Überzeugung verflucht.

Auf dem Schlachtfeld gibt es keinen Heldentod.

Dort suhlen sich mordgierige Furien in größter Not.

Entlarvt die törichte Lüge vom Feld der Ehre.

Kommt den elenden Propagandisten in die Quere.

Macht Schwerter endlich zu Pflugscharen.

Dann könnt ihr den Frieden auf ewig bewahren.

Wer blutrünstig mit Krieg und Massenmord droht,

Führt sich und andere in den sicheren Tod.

Diplomatie und Ökonomie

Wer will schon blutigen Krieg?

Wer glaubt an glorreichen Sieg?

Gebt keine Macht den Toren,

Sonst ist der Frieden verloren.

Sie hetzen die Menschen in die Schlacht.

Tausende werden sinnlos umgebracht.

Verteidigen wir so die Demokratie?

Bemüht zu allererst die Diplomatie.

Nicht nackte Gewalt regiert die Welt,

Sondern die Ökonomie und das Geld.

Niemand herrscht sicher auf Dauer,

Wenn der Hunger liegt auf der Lauer.

Niemand dem Staatschef vertraut,

Wenn er nur auf Gewehre baut.

Kurz ist der Wahn, die Reue lang.

Doch große Dummheit macht bang.

Exorzismus der Ideologie

Die massiven Drohungen nehmen zu.

Sind sie nur propagandistisches *Kung Fu?*

Will man tatsächlich ein Inferno auslösen?

Warum spielt man mit den Fratzen des Bösen?

Vernünftige Staatslenker sollten das wirklich nicht tun.

Sie sehnen sich doch nicht danach, im Grabe zu ruhen?

Wenn der schiere Hass schrankenlos regiert,

Jeder ohne Ausnahme zum Schluss verliert.

Wie kommt man aus der teuflischen
Spirale heraus?

Wie treibt man die Dämonie böser
Gedanken aus?

Nur wenn man das Kalkül klar vor die
Ideologie setzt,

Werden Vernunft und Menschlichkeit
nicht verletzt.

Schließlich gibt es nur den zähen
Königsweg der Verhandlung.

Er allein verspricht eine tiefgreifende
und andauernde Wandlung.

Wer aber meint, dass er seine Ziele mit
Gewalt erreicht,

Muss aufpassen, dass sein Schädel
nicht in nuklearer Wüste bleicht.

Was lehrt Awdijiwka?

Durch Awdijiwka russische
Siegesfanfaren schallen.

In brandgeschwärzten Ruinen schrill sie
widerhallen.

An den schmutzigen Fassaden klebt
noch rotes Blut.

Im Todesröcheln ist bald vergangen die
rasende Wut.

Wofür haben junge Männer ihr Leben
gelassen?

Wenn ich die Gräber sehe, kann ich es
kaum fassen.

Sind sie für ihr geliebtes Volk in den
Krieg gezogen?

Hat man sie vielleicht doch nur
schmählich belogen?

Es ist vorbei. Über Gebeine weht der
kalte Wind.

Zu Hause schreit das verlassene,
vaterlose Kind.

Warum waren lebensfrohe Menschen
nur so blind?

Tapferkeitsmedaillen wachsen, wo das
Blut gerinnt.

Wer möchte neue, gewaltige Reiche auf
Skeletten bauen?

Besser wäre es, auf diplomatische
Lösungen zu vertrauen.

Beinahe alle großen Imperien hatten
bisher kurze Verfallsdaten.

Lohnt es sich, für sie dennoch durch
Ströme von Blut zu waten?

Ambivalente Frühlingsgefühle

Blumen und Blüten sprießen kraftvoll
aus der Erde,

Bunte Boten, dass jetzt endlich Frühling
werde.

Schon schwirren Bienen und Hummeln
durch die Lüfte.

Sie genießen temperamentvoll die
betörenden Düfte.

Von Blüte zu Blüte fliegen sie emsig
ohne Unterlass

Und füllen durch ihr löbliches Werk
Scheune und Fass.

An ihnen sollten wir uns ein leuchtendes
Vorbild nehmen

Und uns für Müßiggang und
Naturzerstörung schämen.

Leider ist unser Leben nicht immer dem
Edlen zugewandt.

Das Böse verdrängt das Gute. Das ist
doch wohlbekannt.

In unseren Seelen toben häufig
hasserfüllte Dämonen.

Sie brechen sich häufig Bahn in
Granaten und Kanonen.

In der Ukraine und in Gaza zeigen sie
ihr hässliches Gesicht.

Sie quälen, morden und tun doch nur
ihre patriotische Pflicht.

Das Vaterland in seiner Not hat sie zu
den Waffen gerufen.

Doch Elend und unsagbares Leid sie
verblendet schufen.

Befund und Rat

Netzwerke nennt man bisweilen mafiöse
Strukturen.

Sind sie nicht schlimmer als
babylonische Huren?

Sie finden sich in vielen relevanten
Bereichen.

Wie lässt sich demokratisches
Engagement eichen?

Unwissen und Sumpfblüten gibt es
überall.

Das törichte Geschwätz ist nur noch
Rauch und Schall.

Sichert man sich so Einfluss, Privilegien
und viel Geld?

Wie ist es um unsere Demokratie heute
bestellt?

Der Begriff Demokratie wird viel benutzt,
leider auch ideologisch beschmutzt.

Wem hat das jemals genutzt, fragt man
sich ziemlich verdutzt.

Doch wer die Gelegenheit hat, beutet sie
für sich und seine Clique aus.

Kritisierst du den Missstand, manövriert
man dich höhnisch ins Aus.

Deswegen sei klug und bescheiden und
halte deinen Mund.

Dann wird dir nichts passieren, und
alles läuft für dich rund.

Mit dem Hut in der Hand kommt man
durchs ganze Land.

Verrückt, wer mit dem Kopf will durch
die byzantinische Wand.

Der launische April

Heute macht der April

Wirklich, was er will.

Er ist ein unsteter Gesell.

Sonne und Regen wechseln schnell.

Die Nässe ist nicht zu ertragen.

Man kann sich kaum ins Freie wagen.

Überall durchwatet man Pfützen.

Wem soll ein solcher Überfluss noch
nützen?

Der Winter war durchgehend nass.

Randvoll gefüllt sind Zisterne und Fass.

Angeblich regnet es in Deutschland
kaum mehr.

Wo nimmt man nur diese Weisheit her?

So werden Prognosen Lügen gestraft.

Ideologien haben das Denken versklavt.

Noch immer gilt der Kant'sche Imperativ.

Alles andere ist unerträglich naiv.

Sarkastischer Methusalem

Von den Alten nimmt man gern.

Ansonsten bleibt man ihnen fern.

Der Generationenkonflikt ist entbrannt.

Schon früher hat man ihn gekannt.

Angeblich nutzen die Alten schamlos die
Jungen aus,

Vor allem leben sie in einem viel zu
großen Haus.

Die so genannte Sandwichgeneration
laut klagt.

Nichts ist ihr heilig. An allem sie zu
nörgeln wagt.

Dabei verkennt sie schnell, woher Geld
und Wohlstand kommen.

Entbehrung, Schweiß und zähe Arbeit
ihr nicht frommen.

Die Verkennung der Realität und der
Frust sind riesengroß.

Doch fallen süße Früchte niemals von
allein in den Schoß.

Gefährlich ist es, die Lehren aus der
Vergangenheit zu verachten

Und Geld geil verblendet, nur nach
Vergnügungen zu trachten.

Denn diese Rechnung geht niemals auf.

Am Ende zahlen alle drauf.

Frieden schaffen ohne Waffen!

Steht jetzt vielleicht ein noch größerer Krieg bevor,

Wäre dies für Europa und die Welt ein verheerendes Eigentor.

Niemand kann das Rad der Geschichte zurückdrehen.

Es sei denn, man will über Millionen Leichen gehen.

Es droht ein blutiger Weltkrieg,

Der niemandem verspricht den Sieg.

Warum wird man denn nicht endlich klug?

Hat man vom Morden noch immer nicht genug?

Wollte man nicht ein gemeinsames Haus Europa schaffen.

Vom Atlantik nach Fernost, und zwar ohne Waffen?

Nur im Frieden gedeihen Wohlstand und
Lebensglück.

Hass und Krieg werfen die Menschheit
immer zurück.

Wer profitiert davon, wenn die Welt in
Scherben fällt.

In einem Trümmerfeld nützen weder
Macht noch Geld.

An die Stelle von Waffengewalt trete die
Kunst der Diplomatie.

Sie allein schafft den Frieden und ist so
nötig wie noch nie.

Übertrieben sarkastisch?

Heilung braucht immer viel Zeit.

Nur langsam vernarbt das Leid.

Ein juckender Rest bleibt oft zurück,

Überschattet das Lebensglück.

Nur vielem kann man nicht entfliehen,

Oder man müsste auf eine Insel ziehen.

Robinson ertrug die Einsamkeit
jahrzehntelang.

Doch bei diesem Gedanken wird mir
bang.

Niemand wird je gefragt, ob er dazu
gehören will.

Er soll arbeiten, Steuern zahlen und
schweigen still.

Haben nicht die Berufspolitiker die
Weisheit gepachtet?

Wer nicht an ihre Expertise glaubt, wird
verachtet.

Schnell wird er rhetorisch an die Wand
gedrückt.

Wenn er nicht pariert, wird er für
radikal erklärt oder verrückt.

Schließlich weiß er genau, wo er in der
Gesellschaft steht.

Dumm, wenn er widerstrebt, schlau,
wenn er in sich geht.

Friedloser Mai 2024

Wenn ich im Mai spaziere durch grünen
Hain,

Bin ich gern in Gedanken bei mir und
allein.

Ein sonniger Maientag heilt
schmerzende Wunden.

Oft habe ich durch ihn meinen Frieden
gefunden.

Der Schlechtigkeit der Welt zu
entfliehen,

Sich ganz und gar dem Lärm zu
entziehen,

Wurde für mich zum unverzichtbaren
Muss

Und führte mich oft aus dem inneren
Verdruss.

Gestärkt kam ich dann in den Alltag
zurück.

Im stillen Hain fand ich mein kleines
Glück.

Die Vögel zwitscherten in den belaubten
Bäumen

Und ich fing an, vom ewigen Frieden zu
träumen.

Wieder fallen Menschen hasserfüllt
übereinander her.

Warum fällt den Frieden zu bewahren,
ihnen nur so schwer?

Sind es vielleicht doch bösartige
Dämonen,

Die tief in ihren verderbten Seelen
wohnen?

Die große Illusion

Kassandrarufe aus des Dichters Mund,

Selbst wenn sie die Wahrheit tun kund,

Sind nicht immer beim Volk beliebt,

Weil sich durch sie die Stimmung trübt.

Friede und Freude und Eierkuchen

Sind, was die Menschen suchen.

Gerne wird verdrängt,

Was die Seele kränkt.

Irgendwann kommt der Tag der
Wahrheit,

Entlarvt der Illusionen naive
Gemeinheit.

Diktatoren befriedigen ihr Machtstreben,

Lassen die besorgte Menschheit
erbeben.

Wer hat noch an große Kriege in Europa
geglaubt,

Sich wegen dieses Gedankens den
Schlaf geraubt?

Man dachte, alle Menschen werden
Brüder

Und singen nur noch ehrliche
Friedenslieder.

Entlarvung

Staatslenker, die Kriege auslösen,

Sind immer getrieben vom Bösen.

Sie hassen die Menschheit

Und fügen ihr zu großes Leid.

Sie halten sich für „Männer der
Geschichte"

Und machen das Lebensglück
Tausender zunichte.

Man hat in den Annalen sie oft „Große"
genannt.

Leider war das unreflektiert und
hirnverbrannt.

Man hätte sie besser als Schlächter
denunziert,

Schnell aufs Schafott geschickt und
exekutiert.

Denn der Lohn der Sünde ist immer der
Tod.

Ihr Abgang würde erlösen viele
Unschuldige von großer Not.

Sie sollten auf ewig verflucht und
vergessen sein.

Lasst hungrige Ratten zernagen ihr
morsches Gebein.

Wären sie doch besser niemals geboren!

Dann würden ihre Seelen nicht in der
Hölle schmoren.

Schützt die Demokratie!

Alle Feinde der Demokratie an die Wand!

Nur so rettet ihr das Land.

Niemals dürft ihr die Dämonen

Aus Humanität verschonen!

Mit ihnen könnt ihr keine Kompromisse
schließen.

Einmal an der Macht, werden sie euch
erschießen.

Nur wenn ihr kämpft, bewahrt ihr die
Demokratie.

Schon jetzt ist sie wieder bedroht wie
noch nie.

Lasst euch nicht das Edelste stehlen

Und euch von den Irren quälen.

Ihre Phrasen sind hohl und leer.

Dies zu erkennen, fällt nicht schwer.

Wehret immer den Anfängen!

Macht euch frei von allen Zwängen!

Nur so werdet ihr die Verbrecher
besiegen

Und euch glücklich in den Armen liegen.

Warnung

Ist das Land in ernster Gefahr?

Ist das nur Propaganda oder wahr?

Manche Tendenzen sind gefährlich.

Seien wir mal wirklich ehrlich!

Die Augen zu verschließen, macht
keinen Sinn.

Sicherheit und Wohlstand schwinden
offenbar dahin.

Millionen warten sehnsüchtig auf die
Wende.

Mangelndes Vertrauen in die Politik
spricht Bände.

Warum nur hat sich vieles schlecht
entwickelt?

Sind denn die Umstände unlösbar
verwickelt?

Schwierige Probleme gab es zu allen
Zeiten.

Die Geschichte kann den Blick schnell
weiten.

Nur ehrliche Arbeit führt heraus aus der
Not.

Nur in China zu bestellen, gibt kein
Brot.

Merkt ihr nicht, wie wir Markt um Markt
verlieren.

In wenigen Jahren werden sie uns
malträtieren.

Achterbahnzeit

Wir leben in einer unruhigen
Achterbahnzeit,

Auf und ab geht es zwischen Hoffnung
und Leid.

Klimakrise, Kriege und globale
Massenflucht.

Wo du auch hinschaust - alles ist
verflucht.

Wer hat uns nur in den Sumpf
gefahren?

Wie können wir unser Lebensglück
bewahren?

Depression macht sich allerorten breit.

Für große Veränderungen ist es an der
Zeit.

Doch noch fehlen die Ideen und
Persönlichkeiten,

Die den verunsicherten Massen den Weg
bereiten.

Überall mangelt es an Pragmatismus
und Realismus.

Welche Entwicklungen führten zum
jetzigen Fatalismus?

Keiner will die Schuld an den Krisen
übernehmen.

Man würde ihn steinigen, und er müsste
sich schämen.

Noch kann man die befürchteten
Verluste abwehren.

Doch müsste man sich zur radikalen
Kurskorrektur bekehren.

Spitzmäuschen Trixies Abenteuer

(*Für meine Enkel!*)

Die ausgetrickste Mausefalle

Trixie ist ein lustiges Spitzmäuschen.

Es wohnt in einem kleinen Häuschen.

Es hat noch zwei Brüder.

Mit ihnen singt es viele Lieder.

Trixie spielt gerne Flöte.

Oft bereits in der Morgenröte.

So weckt sie schon früh die Mutti.

Und ärgert ihren noch müden Vati.

Er geht dann in das nahe Wäldchen
hinaus

Und bringt schmackhafte Samen mit
nach Haus.

Das Frühstück wird dann oft sehr
lecker.

Wegen des Flötenspiels braucht die
Familie keinen Wecker.

Die Spitzmausfamilie lebt froh und glücklich.

Alles um sie herum ist wirklich erquicklich.

Früher hatten sie Angst vor einem dicken Bauern.

Mit seinem harten Tritt wollte er ihnen das Leben versauern.

Dieser feiste Landwirt mochte keine Mäuse.

Beinahe hasste er sie wie Läuse.

Er stellte sogar hinterlistig Fallen auf.

Doch sie erkannten die Gefahr und pfiffen drauf.

Er versuchte eine hinterhältige Masche

Und lockte sie mit Speck aus seiner Tasche.

Ab und zu gab er ein Stückchen Käse dazu.

Und dachte, sie so zu fangen im Nu.

Doch sie waren schlau genug

Und durchschauten seinen Lug und Trug.

So blieben die Fallen immer leer.

Das aber ärgerte ihn sehr.

Die faule Katze

Bauer Baldur schaffte sich eine Katze
an,

Damit er die Spitzmäuschen besser
verfolgen kann.

Kater Schnurri liegt jetzt ständig auf der
Lauer

Und das macht die Mäusefamilie
wirklich sauer.

Tagelang gibt er keine Ruh und schnurrt
und droht.

Das bereitet den geplagten Spitzmäusen
große Not.

Doch bald merken sie, dass Schnurri
recht faul ist.

Er döst vor sich hin, wird kugelrund
und frisst und frisst.

Vor diesem Faulenzer brauchen sie
keine Angst zu haben.

Endlich können sie sich wieder an
Krabbeltierchen laben.

Sie tanzen dem Schnarcher übermütig
vor der Nase herum.

Machen freche Fratzen und lachen sich
bald ganz krumm.

Der Bauer betrachtet die ganze Sache
voller Entsetzen.

Vor Wut beginnt er, seine alte Sense
scharf zu wetzen.

Baldur will den Spitzmäusen mit allen
Mitteln an den Kragen.

Er will sie nicht auf seinem Hof dulden,
sondern sie verjagen.

Der neue Freund

Trixie schaut zum Fenster hinaus.

Die Sonne lockt sie aus dem Haus.

Mutti und Vati haben sie gewarnt.

Sie hat sich mit einem Blatt getarnt.

Doch der Bauer sieht, wie es sich bewegt

Und reibt sich die Hände ganz aufgeregt.

„Warte nur du kleiner Wicht.

Du entkommst mir nicht!"

Er lauert listig und setzt zum Schlag an,

Denkt bei sich, ‚Jetzt ist eine Spitzmaus dran.‘

Doch die flinke Trixie weicht ihm spielend aus.

Der Hieb geht daneben. Selbst Schnurri lacht ihn aus.

Alma, die Bäuerin, hat alles
mitangesehen,

Stürzt aus dem Haus und schreit im
Gehen.

„Was machst du nur? Das ist nicht
schön.

Spitzmäuse unter Naturschutz stehen."

„Das habe ich wirklich nicht gewusst",

Sagt Baldur jetzt ganz schuldbewusst

Und wirft die Sense weg vor Frust.

Dann lädt er die ganze Familie
Spitzmaus ein.

Sie feiern gemeinsam Party. Ja, das ist
fein!

Maxi beim Kinderarzt

Maxi, Trixies Bruder, ist heute Morgen
gar nichts recht.

Er fühlt sich schwach und ihm ist
schlecht.

Mutti meint, Maxis Stirn sei heiß und
fiebrig.

Da bleibt doch schließlich gar nichts
Anderes übrig:

Die Spitzmaus muss zum Onkel Doktor
gehen.

Er soll mal genau nach unserem Maxi
sehen.

Sie fahren zum Kinderarzt in den
Nachbarort.

Doktor Heilmann hat eine große Praxis
dort.

Er ist ein beliebter Mann,

der gut mit Kindern kann.

Seine Heilerfolge sind bekannt und geradezu famos.

Man wundert sich: Wie macht er das bloß?

Maxi zieht sein Hemdchen mit Muttis Hilfe langsam aus.

Der liebe Kinderarzt holt Thermometer und Stethoskop heraus.

Er untersucht Maxi und schickt sie alle dann nach Haus.

Gott sei Dank! Maxi muss nicht ins Krankenhaus.

Es geht ihm schnell besser. Er darf mit Trixie zum Spielen raus.

Ja, Doktor Heilmann ist wirklich ein toller Mann,

Auch kranke Spitzmäuse er im Nu heilen kann.

Osterfeier in der Kita

Alle Kitakinder freuen sich riesig auf die Osterfeier.

Da gibt es Schokolade und bunte Eier.

Der schlaue Osterhase kommt mit einem Sack bei Nacht,

Versteckt die bunten Eier, bevor die Kinder aufgewacht.

Auch unsere Spitzmäuschen können kaum mehr warten.

Sie hüpfen aufgeregt umher im großen Kitagarten.

Der Kalender zeigt es an. Endlich ist es jetzt so weit.

Alle schauen gespannt zum Fenster hinaus. O du tolle Osterzeit!

Sie sehen den Hasen noch mit einem leeren Sack,

Wie er um die Ecke hoppelt in seinem erdbraunen Frack.

Endlich ist die lange, öde Wartezeit vorbei.

Am Gartentürchen lockt schon ein gelbes Ei.

Trixie ist wie immer sehr geschickt.

Sie hat es als erste schon von weitem erblickt.

Überall finden die Kinder und Mäuschen viele bunte Eier.

Sie sammeln sie in Körbchen. Es ist eine schöne Osterfeier.

Heute dürfen sie alle sogar früher nach Hause gehen.

Denn ihre Freunde wollen die Ostergeschenke sehen.

Der Hase freut sich und beobachtet sie von fern.

Ja, er hat die Kinder und Mäuschen von Herzen gern.

Das Kasperletheater

Alle Jahre wieder

Kommt ein Puppenspieler

Mit seinem Kasperletheater

Und seinem dicken, schwarzen Kater,

Die Kita in **Stotzheim** zu besuchen.

Ja, dann gibt es Schokoladenkuchen.

Trixie sich schon die Pfötchen leckt.

Sie denkt sich, dass er wieder köstlich
schmeckt.

Die Kitamütter werden ihn mit Liebe
backen.

Was übrig bleibt, dürfen die Mäuschen
einpacken.

Der Puppenspieler ist ein alter,
grauhaariger Mann,

Der spannende Kasperlestücke
aufführen kann.

Die Kinder und Mäuschen klatschen in
die Hände

So begeistert und laut. Fast wackeln die
Wände.

Der Tag in der Kita vergeht für alle wie
im Flug.

Sie kriegen von den tollen Geschichten
nicht genug.

Doch irgendwann ist leider immer
Schluss.

Der Puppenspieler dringend nach
Euskirchen zurück muss.

Da warten schon andere Kitakinder
sehnsüchtig auf ihn.

Er kann nicht länger bleiben. Dort muss
er hin.

Ach, wäre doch jeden Tag
Kasperletheater!

Die Mäuschen tanzen übermütig vor
dem Kater.

Die Feuerwehr rettet Freddi

Ja, ohne die Feuerwehr wäre

Das Leben manchmal schwer.

Vati Rudi öfters Trixies jüngstes
Brüderchen ermahnt,

Weil er häufig ahnt, dass der kleine
Freddi Unsinn plant.

Freddi möchte sich als toller Kletterer
beweisen,

Steigt in schwindelnde Höhen ohne
Klettereisen.

Trixie und Maxi will er zeigen, wie er
klettern kann.

Ängstlich und verdutzt schauen sie
ihren Freddi an.

Er sitzt ganz oben auf einem Ast und
winkt ihnen zu.

Doch das sieht Vati und rennt aus dem
Haus im Nu.

„Was du da machst, ist sehr gefährlich.

Ich meine das wirklich ganz ehrlich."

Freddi bekommt Angst und bewegt sich kaum.

Jetzt will er kein Held mehr sein. Aus ist der Traum!

„Freddi, bleib oben! Ich rufe die Feuerwehr.

Sie hat eine lange Leiter. Die hilft dir sehr."

Gesagt, getan. Er ruft die Feuerwehr sofort an.

TATÜ, TATA …

Sie rast aus **Euskirchen** mit einem Leiterwagen heran.

Nur wenige Minuten vergehen und Freddi ist wieder glücklich.

Alle Spitzmäuse tanzen vor Freude. Ist das nicht erquicklich?

Wenn das nicht Rettung war in höchster
Not!

Ein wahres Heldenstück, das die
Feuerwehr bot.

Weitere Bücher des Autors:

Romane:

- **Der Skorpion, der aus Tunesien kam**

  Verlag TWENTYSIX,
  Norderstedt, 2021
  ISBN 9783740772109
  e-book: ISBN 9783740722067

- **Mein Herz für die Freiheit**

  Verlag TWENTYSIX,
  Norderstedt, 2022, 2. Auflage
  ISBN 9783740714482
  e-book: ISBN 9783740723453

- **Keine Lust auf Heldentum**
  Verlag BoD – Books on Demand,
  Norderstedt, 2024,
  1. Auflage
  ISBN 9783758322846
  e-book: ISBN 9783758396168

Gedichte:

- **Schreie des Fasans**
  Verlag BoD – Books on Demand,
  Norderstedt, 2021,
  1. Auflage
  ISBN   9783754348604
  e-book: ISBN 9783755717744

- **Der nicht begnadigte Truthahn**
  Verlag BoD - Books on Demand,
  Norderstedt, 2022,
  1. Auflage
  ISBN   9783755732686
  e-book: ISBN 9783756251360

- **Der gierige Würger**
  Verlag BoD –Books on Demand,
  Norderstedt, 2022,
  1. Auflage
  ISBN   9783756212101
  e-book: ISBN 9783756268160

- **Frei wie ein Vogel**
  Verlag BoD – Books on Demand,
  Norderstedt,2022,
  1. Auflage
  ISBN   9783756800117
  e-book: ISBN 9783756823109

- **Disteln und Misteln**
  Verlag BoD – Books on Demand,
  Norderstedt, 2022,
  1. Auflage
  ISBN   9783756828852
  e-book: ISBN 9783756898701

- **Der hygienische Geier**
  Verlag BoD – Books on Demand,
  Norderstedt, 2023,
  1. Auflage
  ISBN   9783734754401
  e-book: ISBN 9783757869335

- **Die ungenierte Nilgans**
  Verlag BoD – Books on Demand,
  Norderstedt, 2023,
  1. Auflage
  ISBN   978375830607
  e-book: ISBN 9783758356339

- **Die dreiste Möwe**
  Verlag BoD – Books on Demand,
  Norderstedt, 2024, 1. Auflage
  ISBN   9783758372254
  e-book:
  ISBN   9783758350023

- **Nordsee-Impressionen**
  Betzen, Kornelia,
  Kulesza-Betzen, Donald

  Verlag BoD - Books on Demand,
  Norderstedt, 2022,
  1. Auflage
  ISBN   9783756224647

https://portal.dnb.de/opac/simple
Search?query=Donald+Kulesza-
Betzen